مقالات منشورة في "مصر العربية"

(http://www.masralarabia.com)

وثيقة أمن قومي معلنة

الكتاب: وثيقة أمن قومي معلنة (مقالات منشورة في "مصر العربية")

المؤلف: ممدوح الشيخ

يضم هذا الكتاب مقالات نشرت في العامين 2014 و2015 في موقع "مصر العربية". **(http://www.masralarabia.com)**

ولغلبة الطابع التحليلي عليها قررت جمعها في هذا الكتاب.

القاضي عــوّاد البندر!([1])

بعد قليل من الحكم الشهير على الدكتور نصر حامد أبو زيد بالردة أصدرت كتابي: "**الإسلاميون والعلمانيون: من الحوار إلى الحرب**"،([2]) وكان من فصول الكتاب فصل عنوانه: "**وقائع محاكمة قاضٍ**"، تناولت فيه جانباً مما تعرَّض له المستشار فارق عبد العليم مرسي الذي أصدر الحكم، من هجوم شديد الضراوة في الإعلام، وهو هجوم كان على هوى البعض فلم يعتبروه "**عدواناً على القضاء**"، وعندما أصدرت المحكمة الدستورية قبل سنوات حكماً في موضوع: "**الإيجارات القديمة**"، كان موضوع تعليقات، حتى في الصحافة شبه الرسمية.

([1]) نشر في السبت 3 مايو 2014.

([2]) صدرت طبعته الأولى عن دار البيارق للنشر والتوزيع – الأردن، لبنان – 1999.

وقضية التعامل مع أحكام القضاء لها حساسيتها دون شك، لكن أي مسعى لتوفير القدر الكافي من الاستقلال والمهابة للقضاء، لا يمكن أن يمنع الداخل والخارج من النقاش حول دلالات أي حكم قضائي، مع كامل الاحترام لما توجبه الإجراءات القانونية المتصلة بدرجات التقاضي وسبل الطعن على الأحكام.

ومما أرى أنه يجب التوقف عنده في الجدل الدائر الآن حول أحكام الإعدام الصادرة مؤخراً، أن قضية العدالة أوسع نطاقاً بكثير من التقاضي. وأحب أن أذهب بعيداً لتأمل وقائع وحقائق عن هذه الصلة المعقدة بين "**القضاء**" و"**العدالة**".

ففي 16 يناير 2007 عرض مسئولون عراقيون شريط فيديو لإعدام عواد البندر، وهو من أصدر أحكام الإعدام بحق ضحايا صدام حسين في مجزرة افتتح بها مشواره الدموي هي: "**مجزرة الدجيل**". وبين كل محاكمات أركان نظام صدام، اتسمت محاكمة البندر بوضعية خاصة، كونها "**محاكمة قاض**"!!

بين الجنائي والأخلاقي

البندر انتبه إلى هذه الحقيقة الدالة فأقر بأنه أصدر أحكام الإعدام في قضية الدجيل التي أعدم بسببها صدام حسين نفسه، رغم أنه، لا أصدر أحكام الإعدام، ولا نفذها بيده. وعواد البندر حاول، استناداً إليه، أن يبريء نفسه من المسئولية الجنائية، مدافعاً عن موقفه بأنه كان جزءًا من نظام عام، وأنه كان يحكم بموجب قانون، بالتالي فإنه لا تجوز محاكمته. ورغم هذا حوكم وأعدم. والقضية في الحقيقة غنيه بالدلالات إذ تطرح تساؤلاً مشروعاً عن الحدود الفاصلة بين المسئوليتين: "**الجنائية**" و"**الأخلاقية**"، وخطورة أن يكون هناك قضاء يتبع نوعاً من الإجرءات لكن نتيجة عمله "**سحق العدالة**!"

والمقصود هنا، أن المشروعية دائماً ذات وجهين: "**مشروعية الإجراءات**" و"**مشروعية القيم**"، وبين المشروعيتين تفاعُل يفضي، أحياناً إلى وفاق، وأحياناً إلى شقاق. وعن هذه الحقيقة المهمة عبَّر المثل الإنجليزي العبقري: "**القانون العادل في يد القاضي الظالم ظالم... والقانون الظالم في يد القاضي العادل عادل**"، فهناك دائماً مساحة في عمل القاضي تحكمها الأمانة، وحدها، ولا رقيب عليها إلا الله.

صحيح أن تعدُّد مستويات التقاضي يضمن تدقيق درجة صحة الحكم، وهذا "**إجرائي**"، لكن دلالات الحكم تظل قضية اجتماعية وثقافية يستحيل منع النقاش حولها، ولسنا بدعاً من الأمم الأخرى، فأعرق الديموقراطيات تشهد نقاشات من هذا النوع، وفي ألمانيا مثلاً هاجمت الصحافة

بضراوة حكماً يفوض سلطة كل ولاية ألمانية أن تصدر — أو لا تصدر — تشريعاً يمنع النقاب، وأحد هذه التعليقات وصف الحكم بـ "الجبان".

الدلالات والآثار

ودلالات أحكام القضاء — وبخاصة المثيرة للجدل منها — تكون لها آثار لا سبيل إلى منعها، أياً كان الرأي فيها، والكيّس من جعل انتقادات الآخرين مرآة لذاته. ومن نماذج الانتقادات العنيفة — التي لا تخلو من عِبَر مهمة — ما نشره الموقع العربي لـ **الدويتش فيلله** تحت عنوان: "**القضاء المصري هو من يجب أن يقف في قفص الاتهام**"، والتقرير ليس سوى استعراض لجانب من تعليقات الصحافة الألمانية على حكم الإعدام الأخير الصادر في المنيا. فمثلاً، صحيفة **ميركشه أودرتسايتونغ** كتبت تقول: "**ما يحدث هنا ببساطة هو استغلال السلطة القضائية لتحقيق أهداف سياسية تتجلى في تهشيم الإخوان المسلمين**". وتتوقف الصحيفة أمام ما تحدثت عنه في هذا المقال قبل سطور قليلة عن "**دلالات الحكم**" قائلة إن من الممكن أن يتم تخفيف هذه الأحكام من قبل محاكم عليا (مشروعية الإجراءات)، لكن من يُصدر هذه الأحكام "**يخالف الهدف المفترض من حكم المحكمة: وهو إشاعة الأمن والسلم. غير أن مثل هذه الأحكام تزرع**

اللاسلم والغضب في مصر الممزقة قبل كل شيء"، في إشارة إلى العلاقة بين "القضاء" و"العدالة".

صحيفة **نويس دويتشلاند** قالت عن القضاة الذين أصدروا الحكم: **"لم يعد متهوراً من يتهم هؤلاء القضاة بأنهم مجرد بيادق في رقعة شطرنج جنرالات الجيش"**، وتحت عنوان: **"عدالة السيسي"** كتبت صحيفة فرانكفورته ألغماينه: **"في مصر السيسي لا ينبغي للعدالة أن تحمي القانون، وإنما النظام!"**

والعبرة هنا ليست بكون المتحدثين **"ألمان"**، فالصواب لا يتحول إلى خطأ، وكذلك الحق لا يتحول إلى باطل، بناء على جنسية قائله، والعبرة كذلك ليست في ضرورة سلوك الطريق الطبيعي للطعن على الأحكام، فهذا شأن الأطراف ذات **"الصفة"** و**"المصلحة"** بتعبيرات القانونيين، بل العبرة في الرسالة التي وصلت إلى كل الأطراف، في الداخل والخارج.

ومن الدروس المهمة في محاكمة القاضي العراقي عواد البندر، أن العدالة ليست تعبيراً عن عامل واحد: **"سيادة الدولة"** أو **"استقلال القضاء"** أو **"قانونية التعليق على أحكام القضاء"**، وأن غياب العدالة ليس موضوعاً إجرائياً **"محضاً"**.

ومن الخطر أن يكون هناك مسافة كبيرة بين "**القضاء**" و"**العدالة**" تجعل نموذج عواد البندر حاضراً – بأي درجة – في النقاش حول العدالة في مصر!

"غزوة موسكو" وتتار القرم!([3])

هكذا كان لسان حال البعض يصور زيارة عبد الفتاح السيسي إلى موسكو، مستخدماً اللغة نفسها – تقريباً – التي استخدمت لوصف التصويت على استفتاء مارس 2011 بـ "**غزوة الصناديق**".

والفريقان في الحقيقة متشابهان بشكل يخفيه غبار المعركة بينهما. ولأن خطابنا العام: الإعلامي والتحليلي والسياسي قد "**أشبع**" خطاب "**غزوة الصناديق**" نقداً وتشنيعاً – بالحق وبالباطل – فقد وجدت أن من العدل الوقوف أمام منتجي خطاب "**غزوة موسكو**" بشيء من التأمل. وبخاصة أن بوتين الذي نشروا مرات لا أتذكر عددها بأنه سيزور مصر لم يأت، وأن صفقة السلاح "**التاريخية**" لم تشهد أي إجراء رسمي حتى الآن، فضلاً عن إجابة السيسي بشأنها في حواره الأخير متسائلاً: "**سلاح إيه!**"

([3]) نشر في السبت 10 مايو 2014.

"**غزوة موسكو**" كانت قد تحولت إلى موضوع لكلام كالأساطير نسخ خيوطه بكرم حاتمي "**دراويش اليسار**" الحالمين بإحياء العظام وهي رميم. الطريف أن ظهور موسكو في الشرق الأوسط تلاه مباشرةً ورطتها في أوكرانيا. وبالمنطق الخنفشاري نفسه ظل كثيرون يهللون لعودة روسية إلى الدور العالمي للاتحاد السوفيتي، فإذا بهم يفاجأون بالرئيس الروسي يستجدي الغرب أن يتدخل لوقف "**الأعمال الانتقامية**" ضد ميليشياته في شرق أوكرانيا.

وكم كنت أتمنى أن أرى ملامح الرئيس الروسي ووزير خارجيته عندما علما لأول مرة بنبأ "**الزواج المصري الأمريكي**".

والقضية ليست ما أتمناه أو ما يتمناه غيري، بل هي في المقام الأول قضية أن نرى العالم بلا أوهام. وقد كنت مشاركاً في **منتدى فالداي** الدولي للسياسات الذي نظمته الخارجية الروسية في مراكش المغربية في مايو 2013، وعلى هامش المنتدى أجريت حواراً تلفزيونياً مع "**عميد المستشرقين الروس**" فيتالي نعومكين، وسألته بوضوح (قبل هذه الزفة الكدابة): هل تفكر روسيا في العودة إلى منافسة الولايات المتحدة كقطب دولي؟ فقال: لا نريد ولا نستطيع!

وفي إطار هذه الزفة الكدابة نشر الكثير مما يجدر الوقوف عنده، لكن أهم ما يجب الوقوف عنده في تقديري، تقرير لـ **وكالة الأنباء الفرنسية**

من موسكو نشرته **الأهرام** القاهرية في 20 إبريل، بعنوان: "**روسيا تتحدى قيم الغرب**"، ومما جاء فيه:

"يستعد الرئيس الروسي فلاديمير بوتين، في الفترة المقبلة لإحياء المجد الثقافي الروسي، عن طريق خطة شاملة تؤكد خصوصية الثقافة الروسية، وتحميها من فرض القيم الغربية. فقد أعلنت وزارة الثقافة الروسية عن ملامح سياسة ثقافية جديدة، تستند إلى الطرح القائل بأن "روسيا ليست أوروبا"".

جميل وما الفرق؟

الفرق جاء في إجابة فلاديمير ميدينسكي وزير الثقافة الروسي الذي قال: "**روسيا ربما تكون من آخر حراس الثقافة والحضارة الأوروبية الحقيقية والقيم المسيحية**". أما المحلل الروسي أليكسي مكاركين فأكد أن "**الفكرة الرئيسة هي أنه يتعين علينا أن ندافع عن أنفسنا في مواجهة الغرب الذي هو الشيطان**".

حرفياً والله!

ولا أدري:

هل خطاب الملائكة الشياطين – في السياسة – حلال للبعض وحرام على آخرين؟

وهل الدفاع الروسي المعلن عن "**القيم المسيحية**" يمكن مقارنته بخطابات مماثلة في المشهد المصري عن "**القيم الإسلامية**" تمت إدانتها حتى الرجم!

ما علينا!

فالذي حدث أن "**غزوة موسكو**" والزفة الكدابة التي أحاطت بها تبخرت!

لكن الخطوة لم تكن بلا تداعيات، ومن هذه التداعيات – وهي للأسف تداعيات لا يتوقف عندها أحد – أن الصراع على أوكرانيا فيه جانب كان يجب أن يحظى من كثيرين بكلمة. فلا الأزهر أدان، ولا دراويش موسكو طبقوا أياً من الشعارات التي ينصبونها كالمشانق لخصومهم، فإذا تعارضت مع مصالح موسكو "**عملوا نفسهم من بنها**"!.

القصة ببساطة أن الأزمة الأوكرانية نكأت جرحاً تاريخياً هو مأساة "**مسلمي تتار القرم**"، وبينما رأيت بعيني على شاشات مصرية أصوات تتوعد تركيا بقانون يصدر من البرلمان المصري – بمجرد انتخابه – يدين "**مجازر الأرمن**"، لم أجد صوتاً يأسى لمعاناة تتار القرم قديماً وحديثاً!

ولو أن الموقف كان بالفعل موقفاً مبدئياً وأخلاقياً لكان رد الفعل مختلفاً، ولكان "**الصديق الروسي**" سمع، ولو كلمات عتاب رقيقة، على ما حدث وما يحدث. فقد كان من نتائج الإجراء الروسي الباطل، بضم شبه جزيرة القرم، منع مصطفى جميليف الزعيم التاريخي لتتار القرم (الذي سبق وندد مراراً بضم القرم إلى روسيا) من دخول هذه المنطقة لخمس سنوات. ومُنِع الجمعة من استقلال طائرة عبر موسكو للانتقال إلى القرم وأجبِر على العودة إلى كييف. ولو أنصف الإعلام الذي يصف نفسه بالحياد والموضوعية، بما يدعيه، لكان أفرد مساحة من الاهتمام لمأساة "**تتار القرم**" وهو ما فعلته وسائل إعلام تنتمي إلى الغرب الذي يصفه الروس – على صفحات **الأهرام** – بالشيطان.

التايمز، مثلاً قالت إن "**التتار من سكان شبه جزيرة القرم، والذين يدين معظمهم بالإسلام، يتعرضون لحملة قمعية على يد الميليشيات المسلحة التابعة لروسيا**". وتأتي المعاناة الجديدة بعد قليل من احتفال المسلمين التتر بمرور 70 عاماً على الكارثة القومية التى تعرضوا لها، بعد أن قام الزعيم الروسى ستالين بتهجيرهم من موطن أجدادهم على البحر الأسود، خلال ساعات، ثم قام بنفيهم إلى وسط آسيا على مدى عقود.

يا جماعة الخير: مصر اتجوزت .... وكل شيء قسمة ونصيب، و"**غزوة موسكو**" طلعت فوتوشوب!

والمسلمون التتر في القرم يستحقون مساندة — ولو بدافع إنساني محض — على طريقة: **"اعتبره أبوك يا أخي!"**

أحضر جنازته وما أحضرش جوازته![4]

الحياة هي الحق الأعظم في الثقافات كافة تقريباً، والمؤمنون بالأديان السماوية يؤمنون بأن الله كرم الإنسان على سائر مخلوقاته، قال تعالى: "**ولقد كرمنا بني آدم**". وهذا التكريم هو لبني آدم كل بني آدم، المؤمن والكافر والطائع والعاصي، ورب العزة وحده هو من يحاسب بني آدم، وهو وحده من شاءت إرادته أن يخلقهم من نسل آدم. التكريم الإلهي كما تمثّل – أولاً – في أن الله نفخ في آدم "**من روحه**"، وهو قال سبحانه قال عنه: "**خلقت بيدي**".

لكن حق الحياة، في ثقافتنا، أصابه تشوُّه هو خليط من التعدي والإنكار ومحاولة الاحتكار. وأول ما يتعرض حق الحياة من عدوان، محاولة البعض أن ينازع رب العزة في حقه في الإحياء والإماتة، والملك الظالم الذي جادل نبي الله إبراهيم عليه السلام في ربه، رمز لذلك، فعندما عرَّف نبي الله

---

(4) نشر في الأحد 25 مايو 2014.

ربه قائلاً: "**ربي الذي يحيي ويميت**" كان رد المستبد المتأله أن قال بصريح العبارة: "**أنا أحيي وأميت.**"

والمستبد الذي يريد أن ينازع رب العزة في الإحياء والإماتة تكون رعيته غالباً مستهينة بحق الحياة، فيستهين الواحد منهم بحقه هو في الحياة، وفي مرحلة تالية يستهين بحق الغير في الحياة. ومن يتأمل حال المصريين مع الحياة والموت يكتشف أن هذا الوباء قد استوطن واستفحل. وهو يبدأ من ظاهرة "**التسطيح**" على القطارات التي لا يقدم عليها إلا مستهين بحقه في الحياة منكر لقيمة "**التكريم الإلهي**"، وهي عموماً ظاهرة تكشف عن يأس عميق وإحساس فاجع بالدونية.

والمستهين بحق نفسه في الحياة أكثر استهانة بحق غيره، ومن أمثال هؤلاء، تخرج صيحات الاستحسان والتشفي الوضيعة تعليقاً على مقتل متظاهر أو معتقل أو سجين سياسي، وهو لا يفعل ذلك بحثاً عن استقرار، أو كفراً بقيمة المعارضة والحق في الاحتجاج، بل إن أصل الداء أن يرى الحياة الإنسانية شيئاً تافها لا يستحق غضباً.

والقناعة بأن منفعة ما، أي منفعة، يمكن تحقيقها بسفك الدم ظاهرة عميقة في ثقافة المصريين، وقديماً قال الشاعر كمال الدين ابن نبيه، عن حبيبه:

أفديه إن حفظ الهوى أو ضيّعا

واليوم ترفع الزوجات المصريات شعار: "**أحضر جنازته وما أحضرش جوازته**"، وفي صياغة أكثر حمقاً: "**أشوفه ف مقبرة... وما أشوفوش مع مرة**"، أي أن موته أهون عليها من أن تراه مع امرأة أخرى، وبعض ما يُطلق من أفواهنا ضحكة ساخرة، يستحق أيضاً أن نتأمله ملياً.

والفرق هنا هو بين متشابهين: "**الحب**" و"**الرغبة في الامتلاك**"، وثقافة الكراهية غالباً لا تنبت فيها بذور الحب، بل تنبت، وتنمو، وتترعرع، وتقتل، وتتوغل، وتنتشر، "**الرغبة في الامتلاك**"!!

والرغبة في الامتلاك غريزية حيوانية تخرج من المريض بها أسوأ ما فيه، وهي تبدأ بالأمثال الشعبية المشار إليها سلفاً وتمتد في عالم السياسة لتصل إلى الشعار الأكثر تلخيصاً لمسار الاستبداد العربي الحديث: "**إما أن نحكم هذا البلد أو نحرقه**"، وهو الشعار الذي انطلق منه: صدام حسين، وحافظ الأسد، والقذافي، وهو نفسه، الذي ينفذه الآن – بدم بارد – بشار الأسد، وخليفة حفتر، وأشباههما.

وصدام حسين، مثلاً، كان يبدي ثباتاً على منصة الإعدام لا شجاعة بل "**تبلداً**"، وهو نموذج مثالي لظاهرة الاستهانة الوقحة بحق الحياة، وضمن ذلك حقه هو نفسه في الحياة.

وقديماً تنازعت امرأتان عند نبي الله سليمان عليه السلام على بنوة طفل، فلما أراد أن يتبين الحق – بين ادعائين متعارضين لا سبيل إلى بينة مادية ترجح صدق أحدهما – وضعهما، بذكاء، على مفترق الطريق بين "الحب" و"الرغبة في الامتلاك". وكان الاختبار الفاصل أن يعرض عليهما حلاً يساوي بينهما في الحق، لكنه في الحقيقة يقضي على حياة الطفل، إذ عرض عليهما أن يقسم جسده نصفين وأن يمنح كلاً منهما نصفه

فأما المدعية الكاذبة فقبلت، لأنها تريد الباطل الذي تدعيه، ولو على جثث الأبرياء، وأما الأم الحقيقية فرضيت أن تأخذه امرأة غير أمه، لأنها كانت تقدر قيمة حق الحياة. وفي القصة الشهيرة أدرك سليمان عليه السلام ما يريد فحكم بالطفل لأمه الحقيقية، أما في الواقع السياسي المتأزم الذي نواجهه، فإن "أحفاد الأم المدعية الكاذبة"، يصرون على قتل الطفل للحصول على: "نصف جثة"!

وبالعودة إلى الوراء أكثر نجد أن إبليس، عندما أغضبه خلق آدم وتكريم رب العزة له، انطلق مهدداً ومتوعداً، وأقسم بعزة الله أن يغويه ويغوي نسله ليحرمهم من الجنة، وهو – في كل ما روى القرآن عن حواره مع رب العزة – لم يندم ولم يتُب، ولم يبحث عن نجاته من النار ومن غضب الله، بل كان كل ما يهمه أن يحرم خصمه من الخير، ولو كان الثمن أن يطرده الله من رحمته!

وعندما تجد أمة ينقسم أبناؤها إلى فريقين أحدهما يريد — فقط —
أن يدمر خصمه — لا أن يبني مشروعه الخاص الذي يفترض أنه يحمل خيراً
لنفسه وللغير — فاعلم أننا أمام ادعاء باطل، حاملو رايته يتقنون الكذب
والتبجح وأنك أمام:

"دعوى كاذبة لا سليمان لها!"

"خد بنت الندل وخاصمه!"(5)

تقول نكتة غربية شهيرة إن موكباً من سيارات عدد من الحكام مرَّ، بالتتابع، على مفترق طريق، وكان كل سائق سيارة يسأل رئيسه: هل ننعطف يميناً أم يساراً؟:

الرئيس الأمريكي قال للسائق: أعط إشارة الانعطاف يميناً وانعطف يميناً.

الرئيس الروسي قال للسائق: أعط إشارة الانعطاف يساراً وانعطف يساراً.

أما الرئيس المصري فقال للسائق: أعط إشارة الانعطاف يميناً وانعطف يساراً!!!!

---

(5) نشر في السبت 17 مايو 2014.

وقد روى لي قيادي بأحد الأحزاب المصرية كان عضواً في الوفد الشعبي المصري الذي زار العاصمة الروسية موسكو قبل أن يزورها عبد الفتاح السيسي، أن ديبلوماسياً روسياً سألهم بوضوح: هل أنتم جادون في تحالف مصري روسي أم تريدون استخدامنا ورقة ضغط على واشنطون؟.

والصورة التي ترسمها النكتة الغربية ويؤكدها تساؤل الديبلوماسي الروسي، لا تخلو من ظل من الحقيقة. وكلاهما نتيجة طبيعية لمسار طويل من "**الممارسات الديبلوماسية الريفية**" التي تم فيها الاحتكام إلى قناعة ساذجة بأن "**لؤم الفلاحين**" يصلح في العلاقات الدولية!

ومن له معرفة كافية بالتاريخ يدرك جيداً أن ثقافة الأمم – وبخاصة ثقافتها الأخلاقية – أحد أهم مصادر ضعفها أو قوتها. والثقافة الأخلاقية المصرية تعاني مشكلات عميقة يعكسها المأثور الشعبي ويخفيها الخطاب السياسي. ومن نماذج الأمثال الشعبية التي تكشف وجهاً مظلماً من وجوه الثقافة الشعبية المصرية، مثل في منتهى الرخامة يقول: "**خد بنت الندل وخاصمه!**"

وهو نصيحة لمن تعجبه فتاة والدها "**نذل**" بأن يتحايل على ضميره ليجمع بين المتعارضين، مصاهرة النذل ثم مقاطعته، لأنه نذل!

وهذا المَثَل، في الحقيقة، عينة تعكس سمتين ثقافيتين "**مصريتين**" متلازمتين: التلفيقية والتحايل، والأولى: مؤشر على غياب السواء النفسي والعقلي، والثانية: مؤشر على غياب الرجولة، فالرجال لا يجوز أن يلجأوا إلى التحايل، قال صلى الله عليه وسلم: "**مَنْ غَشَّنَا فَلَيْسَ مِنَّا وَالْمَكْرُ وَالْخِدَاعُ فِي النَّارِ**". (ولا بأس من الإشارة هنا إلى أن الغش بذرة الخداع، وأن ظاهرة الغش في نظامنا التعليمي من أهم مصادر الخلل في ثقافتنا الأخلاقية).

والاستبداد والقهر تربة خصبة لنمو ثقافة التحايل، فاستمرار الحياة في ظل الفقر والفساد يكاد يكون مستحيلاً، دون شيء (يقل أو يكثر) من التلفيقية والتحايل. ومناخ التطبيل والتزمير لخيارات السلطة بوصفها الخيار الوطني الوحيد، وكذلك السياسات الأمنية الباطشة التي لا تكف عن نسج خيوط أساطير المؤامرات الكبيرة والصغيرة، لا يدع لعاقل فرصة لأن يزن أمراً بعقله ولا لأن يختار مساره ومصيره، وهو إن فعل حاصرته زوابع التخوين والاتهام بالعمالة والخروج على الإجماع الوطني. وبطول أمد الحياة في قيود هذه المنظومة الشيطانية، تضعف المقاومة وتخور الهمم، ويبدأ المقهورون – آحاداً وجماعات – في بناء كهوف أوهامهم الخاصة ليحصلوا على إحساس زائف بأن مصر "**ها تبقى قد الدنيا**"!.

وعندما تم التصويت على التعديلات الدستورية الأخيرة (2014)، قامت دول "**رسمياً**" بتقديم التهنئة، أما وزير الخارجية الأمريكية جون كيري

فقال متهكماً إنه يدعو الحكومة إلى "**تطبيق الحقوق والحريات**" الواردة فيه، في ترجمة بالأمريكاني للمثل العربي: "**أفلح إن صدق**"، ونحن لم نفلح لأسباب عديدة، في مقدمتها استشراء الكذب والخداع في الثقافة والسلوك، ولن نفلح ما لم ندرك أن الصدق "**شرط موضوعي**" للخروج من المستنقع الذي تغوص فيه مصر.

ولأن شر البلية ما يضحك، فإنني لم أستطع أن أمنع نفسي من ضحكٍ كالبكاء، وأنا أسمع صرخة أحد مشايخ البدو في سيناء على شاشة إحدى الفضائيات، معلقاً بمنتهى الحرقة على "**أكاذيب رسمية**":!

"البلد دي ربنا ها يولع فيها بسبب الكذب..!"

وفي كلام وزير الخارجية الأمريكي جون كيري أيضاً إشارة ذكية – أغضبت كثيرين – إلى أن المتوقع ليس تطبيق ما في الدستور من حقوق وحريات، بل المتوقع، الاحتكام إلى قاعدة: "**خد بنت الندل وخاصمه!**"

وثقافة التحايل والتلفيق تؤدي إلى مرض أخطر وأعمق تأثيراً هو "**كراهية الحقيقة**"، والمجتمع الكاره للحقيقة يكره "**الناصحين**"، والمدرسة الإنجلو سكسونية في العلوم الإنسانية غنية بالدراسات عن ظاهرة "**كراهية الحقيقة**" ونتائجها المدمرة على السياسة والثقافة والاقتصاد، وصولاً إلى ما أطلقوا عليه: "**تلوث البيئة الأخلاقية**"، وهو مصطلح حديث نسبياً، لكنه

قادر، بدرجة كبيرة، على المساهمة في فهم أحد أهم أسباب "**الورطة الوطنية الكبرى**" التي تعيشها مصر.

ومن التجليات الخنفشارية للتزاوج بين: "**التحايل**" و"**التفليق**" دفاع كثيرين عن انتخاب رئيس ذي خلفية عسكرية كضمان وحيد لـ "**مدنية الدولة**"، وتبرير التحطيم المنظم لما بقي من مجتمع السياسة، وكل مظاهر التعددية في المجتمع، دفاعاً عن "**الدولة**"، و......

والتلفيق والتحايل هما الفاعلان الأكثر تأثيراً في كل التفويضات السياسية التي تم الاستناد إليها – ادعاءً – في مسار طويل من الخداع السياسي الذي أفضى إلى كرنفال القبح الذي يحيط بنا. فـ "**الإعلان الدستوري**" المؤسِّس لما بعد 3 يوليو وضع أسساً لبناء عملية ديموقراطية، بينما الفعل السياسي أسس لابتلاع الدولة والسيطرة الأحادية على مفاصلها، والدستور يتحدث عن حقوق وحريات روج كثيرون لأنها الأفضل في العالم!

أما الممارسات الفعلية فلا تكاد تعترف بأي حقوق أو حريات.

والمواطن الذي لم يبلغ بعد مرحلة الفطام من التلفيقية والتحايل، أعطى تفويضات فضفاضة صيغت بلغة براقة، ثم تم التعامل معها – فعلياً – على قاعدة "**خد بنت الندل وخاصمه**"!

الوطنية الحفترية والباشمهندس هرتزل(6)

سيظل الفكر العربي (والإسلامي) المعاصر مديناً بالكثير والكثير والكثير لرجل اسمه عبد الوهاب المسيري، فقد ترك هذا المفكر الكبير (رحمه الله رحمة واسعة) ثروة كبيرة في طيف واسع من المجالات، وهي ثروة لم يهضم العقل العربي منها إلا أقل القليل. وقد تذكرت هذا الرجل العظيم بعد تصريحات المغامر الليبي المريب خليفة حفتر عن ترحيبه بأن توجه مصر ضربة عسكرية لـ **"الإرهاب"** داخل حدود بلاده.

وفد تذكرت الدكتور عبد الوهاب المسيري، رحمه الله رحمة واسعة، عند قراءة التصريحات لأنه كان أول من قام بتجريد تصور نظري متكامل لما تعنيه **"الصهيونية"** كمفهوم لا كمجرد مشروع سياسي. وهو كان يرى أحد أهم سمات **"الفكرة الصهيونية"** النظر إلى البدايات والنهايات وحسب، وإنكار

---

(6) نشر في السبت 7 يونيو 2014.

الحقائق المتعينة في اللحظة الراهنة، وهم بسبب هذه السمة لم يتورعوا عن ترويج الأكذوبة الشهيرة التي صاغها الباشمهندس تيودور هرتزل: **"فلسطين أرض بلا شعب"**. وهذا الضبط أول ما تعنيه تصريحات المغامر الانقلابي حفتر المشار إليها، ففلسطين حسب هذه العبارة، ليست سوى **"أرض الميعاد"** (بغض النظر طبعاً عن الوعد ورأينا فيه)، والصهاينة لم يروا الفلسطينيين ولم يعترفوا بوجودهم إلا في أحسن الأحوال كوجود عارض!

والوعد الحفتري هو إعادة إنتاج غبي للمنطق الصهيوني، فليبيا ليست دولة ذات سيادة ولا وطن يفدي ترابه، رغم تَمسُّحه المفضوح بالوطنية. وهي، في نظر الجنرال المنقلب، ليست سوى ساحة للحرب مع **"الإرهابيين"**. والمفارقة الفاضحة أن حفتر يتم تسويقه في معظم الإعلام العربي بوصفه **رمز الوطنية الليبية"** في مواجهة الإسلاميين (أو الإرهابيين) الليبيين الذين فرطوا في الوطنية الليبية!

فهل يتحقق إنقاذ الوطنية الليبية بدعوة دولة أخرى — أي دولة — للقيام بعمل عسكري داخل حدود بلاده؟

إن هذه التصريحات التي مرت بين **"استحسان مغرض"** و **"تجاهل مريب"**، تنطوي على فتح لباب الفوضى الإقليمية بدعوى **"مواجهة الإرهاب"**، ويحدث هذا بينما علاقات مصر بدول عربية وإسلامية تحطمت

بسبب ما اعتبر عدواناً على سيادة مصر، وهي دول إما أنها أعطت نفسها الحق في التعليق على قرارات رسمية أو أحكام قضائية أو يتبنى إعلامها موقفاً سياسياً معادياً من سلطة ما بعد يوليو 2013.

فأي ازدواج معايير هذا؟

ويحدث هذا بينما الرئيس المخلوع الدكتور محمد مرسي يتهم بأنه – بسبب انتمائه الإخواني (أو الإسلامي) – يهدر ثوابت الوطنية المصرية لحساب تصور "**أممي**" ينكر ثوابت الهوية الوطنية المصرية. فهل الدفاع عن الهوية الوطنية الليبية، كما يدعي خليفة حفتر، وكما يروج من يسوقونه، يتحقق من خلال دعوة مصر للقيام يعمل عسكري داخل حدود دولته، طالما أن الهدف "**الحرب على الإرهاب**"؟!!

وهذا الازدواج في المعايير، هو ما أدى إلى ظهور خطاب "**علماني**" هو المقابل لخطاب إسلامي متشدد طالما انتقدتُه، وانتقده آخرون، لأنه يعالج الخلاف السياسي على قاعدة: "**قتلانا في الجنة وقتلاكم في النار**"، وإذا بنا الآن أمام خطاب مقابل يتبنى الموقف نفسه، ويصوغ خطابه بلغة تستمد مفرداتها من معجم "**الوطنية!**"

وبعض الأيدي التي نصبت المشانق للدكتور محمد مرسي وجماعته وفصيله كله، بدعوى التفريط في الوطنية، هي نفسها الأيدي التي ترفع القبعات

الآن لدعوة خليفة حفتر التي لا مشروعية لها، لا أخلاقياً، ولا دينياً، ولا وطنياً، ولا إنسانياً، ولا................

ولا أنسى هنا أن أذكـِّر الانقلابي المغامر بأنه ليس مفـوَّضاً على الإطلاق، وليس منتخباً بأي صورة لأي منصب في ليبيا، حتى يدعي أنه يملك دعوة دولة أخرى – أي دولة – للقيام بعمل عسكري داخل حدود بلاده. والمرحبون – صراحة أو ضمناً – بهذه الدعو، يفتحون الباب لصراع أيديولوجي/ إقليمي يتجاوز حدود الدولة الوطنية، ومن يرفض هذا في حق بلاده ويقبله في حق أي دولة أخرى هو عنصري، حتى لو لم يدرك ذلك!

لقد كان تقديري، منذ نجحت أول "**ثورات الربيع العربي**" أن الصراع الديني /العلماني هو أسوأ فخ يمكن أن يتعثر فيه "**الربيع العربي**"، وهو ما أراده البعض ونجح في الوصول إليه، ولا يعني هذا طبعاً أن هذا الصراع مختلق، فقد حذرت من هذا الخطر منذ أواخر القرن الماضي، ولأهمية القضية خصصت لها كتابي: "**الإسلاميون والعلمانيون من الحوار إلى الحرب**" الصادر عام 1999.

والهاوية التي يمكن أن ينحدر إليها مصير "**الربيع العربي**" بسبب هذا الصراع هاوية سحيقة، و"**عمى البصيرة**" الأيديولوجي الذي تعكسه مواقف المرحبين بـ "**فتنة حفتر**"، يؤكد أن "**الربيع العربي**" بالفعل تعثـَّر في الفخ، وكلما تعمـَّق هذا الصراع، سيكون هناك مزيد من المستعدين للتعلم من تيودور

هرتزل والنظر إلى أوطانهم بالاحتكام إلى عبارة: "**أرض بلا شعب**"، مكان يمكن فيه "**التخلص من الآخر**" الديني أو العلماني، ولا توجد أمة في التاريخ حققت ذاتها أو هويتها أو رفاهيتها بالاحتكام إلى هذا الوهم الصهيوني.

ومرة أخرى، رحم الله المفكر الكبير عبد الوهاب المسيري ونفعنا بعلمه، في لحظة ارتباك تاريخي، غابت فيها كلمة العقل وغاب فيها صوت العلم، ومن الطبيعي، مع غياب العلم والعقل، أن يعلو صوت كل حفتر!

الولاء لأبو علاء![7]

قبل الانتخابات بأيام اتصل بي صديق عزيز يطلب مشاركة مني بشكل عاجل في تقرير إخباري للقناة التي يعمل بها، وقبل التسجيل كان حريصاً على أن يقدم لي زميله المصور، ابتسم لي المعد الصديق وقال: الأستاذ فلان، مؤسس حركة "**الولاء لأبو علاء**"، وبدت عليَّ الدهشة والرغبة في السؤال: مين أبو علاء؟ فقال: حسني مبارك طبعاً، ووجدت في الاسم والهدف ما يشبه الإفيه فأطلقت ضحكة عالية!

وبعد نقاش قصير غلبت عليه السخرية وجدت أن القفشة هي الشيء الوحيد الذي يستحق التوقف أمامه في الموضوع!

والاسم، فضلاً عن ذلك، ذكَّرني بشعارات ساخرة كنا نلهو بها ونحن طلاب في الجامعة، من نوع: "**الجزمة دي من باتا وبتمشي تاتا تاتا**"، أو "**شيل**

---

[7] نشر في السبت 31 مايو 2014.

**الجوزة لوقت العوزة"، .... وغيرهما، لكننا كنا نلهو، وكنا آنذاك على وعي بأننا نلهو، لكن القفشة أصبحت تمثل أحد أهم صانعي المزاج السياسي المصري خلال سنوات ما بعد الخامس والعشرين من يناير، حيث اختلط الهزل بالجد .... وهو لاحقاً هزمه بالقاضية على يد أبطال أوليمبيين من نوع توفيق عكاشة!

والمجتمعات التي تحظى بنصيب محدود من الثقافة، تؤثر فيها "**اللماضة**" وخفة الدم بشدة، وهذا أحد مفاتيح فهم لعبة الشحن والتفريغ التي تتحكم في المشهد السياسي المصري بقوة، وبخاصة منذ الثالث من يوليو، فالشعار أهم من البرنامج، والقفشة الحلوة أكثر تأثيراً من الفكرة الوجيهة ... على طريقة سعيد صالح في مسرحية العيال كبرت في مسرحية "**العيال كبرت**"، ... وكدة يعني!

وهذا الشحن اللحظي أيضاً يمكن أن يساعد في فهم ما حدث في أيام التصويت الثلاثة في الانتخابات الرئاسية، فالشحن نجح في الثلاثين من يونيو، والاحتفال في الثالث من يوليو برضه ما يضرش!

أما النزول بشكل منظم للتصويت فيحتاج إلى "**ماكينة انتخابية**" وليس إلى "**ماكينة إعلامية**"، ومن يستجيب للشحن سريعاً يفتر سريعاً ‒ أو على الأقل بنسبة كبيرة ‒ وبالتالي فإن الكتلة التي تحركت لانتخاب عبد الفتاح

السيسي هي كتلة نواتها الصلبة هوامش المجتمع "**اللي بتحب الفرفشة زي عينيها**"، وطبعاً كانت همتهم في الرقص أمام اللجان مشهودة!

ولا نتجاهل هنا حسابات المصالح، وهي سياسية عند فريق، وجيلية عند فريق ثانٍ، وطائفية عند فريق ثالث، فضلاً عن حالة شحن عاطفي غير مسبوقة عند نسبة ملحوظة من النساء اللاتي شاركن بكثافة ملحوظة.

والحقيقة كانت حاجة تقطع القلب!

وحركة "**الولاء لأبو علاء**" التي لفت نظري "**القافية**" في اسمها، نموذج لظاهرة بدأت على شاشات الفضائيات وانتقلت فيما بعد إلى ساحة السياسة، فلمدة تقترب من 15 سنة كانت شريحة واسعة من المصريين تردد عبارة ما لها وقع في الأذن يطلقها فيلم سينمائي – غالباً – وتتحول إلى موضة سرعان ما تحل محلها أخرى، والبداية القوية كانت من "**كامننا**" لعنتر هلال، .... والراية الآن في يد أوكا وأورتيجا!

ولو أن حالة الشحن الطاريء هذه تعبر فعلاً عن حقيقة تمتع بدرجة ولو نسبية من الثبات لكانت مصر – مثلاً – قد تحولت إلى مأتم يوم إعلان وفاة اللواء عمر سليمان، قياساً على الضجة التي أحدثها إعلانه عن الترشح للانتخابات الرئاسية في 2012، لكن الرجل مات ... وخلاص!

ورد الفعل الشعبي الباهت على الإعلان عن وفاة عمر سليمان ما يزال يشغلني حتى الآن، ويؤكد لي صحة ما استنتجته من تأمل السلوك السياسي للمصريين، فهو سلوك فيه قدر كبير جداً من التقلب والغموض. فلا هو، حين تغلب عليه مظاهر الحب، تكون فعلاً تعبيراً عن الحب، ولا هو حين تغلُب عليه مشاعر البغض، تكون فعلاً تعبيراً عن البغض. وقد كان الموسيقار محمد عبد الوهاب محقاً تماماً، عندما سجل في أوراقه الخاصة (نشرها الشاعر المعروف فاروق جويدة بعد وفاة عبد الوهاب) أنه لا يفهم كيف يحب كثير من المصريين جمال عبد الناصر كل هذا الحب، رغم أنه كان يكذب عليهم، وكيف يكره كثير من المصريين أنور السادات كل هذا الكره، رغم أنه كان صادقاً معهم؟!

ومن ناحية أخرى، فإن الحديث عن مبارك منسوباً إلى ابنه: "**أبو علاء**"، فيه ما يستحق التأمل. فهذه الكنية تستدعي إحساساً بأبوة الشخص الذي ينادى بها، فهو يتحول في وجدان المنادي والسامع إلى: "**راجل طيب**" كأنه ذو بعد واحد، وهو سنه الكبير فقط!

وكأنه دون تاريخ سياسي سابق، وكأنه لم يدمر وطناً، وكأنه لم يقض على مستقبل أجيال ثلاثة على الأقل، وكأنه لم يترك شعباً منهكاً محطم القوى يكبله الفساد وتمتهن كرامته أجهزة أمن لم تعد تستطيع العمل إلا في غياب

القانون، وكأنه لم يترك لنا حيتان فساد يصرون على مصادرة المستقبل عبر تمويل إعلام ديناصوري، يتضاءل الإعلام النازي خجلاً أمامه!

و"**الأحاديث العكاشية**" ذات الجمهور العريق، وكذلك ثقافة اللماضة والقافية ومهرجانات الرقص و"**الدي جي**" أمام اللجان، تشير إلى أن السياسة في مصر — على الأقل لفترة قادمة — ستتحكم فيها قناعة عميقة عند شرائح واسعة من المصريين بأن "**ساعة الحظ ما تتعوضش**!"

الكذب الجماعي والقتل الجماعي(8)

منذ فجر تاريخ الإنسانية كان القتل وسيلة البعض لحسم التنافس، وهو – في تقديري – أحد نتائج "**كراهية التنافس**"، و"**التنافس الشريف**" أحد أهم القواعد التي أرستها الأديان السماوية، وربما يكون هذا أحد أسباب انحيازي إلى "**التنافسية السياسية**"، وقرينتها الديموقراطية، حيث أعتبر أنها "**تدريب عملي**" على رؤية الحياة كلها كمسار تنافسي. والأديان جاءت لتضع البشر جميعاً في "**مسار تنافسي**"، حيث الحياة كلها مباراة يتنافس فيها المخلوقون في جمع الحسنات أو السيئات!

وخطيئة إبليس الكبرى أنه رفض أن ينافس آدم على الجنة معتبراً أن الخير لا يقوم على "**الكسب**" بل هو مرتبط بالمادة التي خلق منها، قال تعالى في سورة الأعراف على لسان إبليس: "**قَالَ أَنَا۠ خَيۡرٞ مِّنۡهُ خَلَقۡتَنِي مِن نَّارٖ وَخَلَقۡتَهُۥ**

(8) **نشر في الإثنين 23 يونيو 2014.**

مِن طِينٍ"، والأديان السماوية جاءت لترسي قواعد أولها: أن "**الفضل مكتسب**" وأن أحداً لا يغني عن أحد، وكذلك لا يغني عن الإنسان ماله ولا نَسَبَه ولا.....

وفي "**سورة المائدة**" يقص رب العزة قصة أول حادث استخدم فيه "**القتل**" وسيلة لحسم التنافس، قال تعالى: "**وَاتْلُ عَلَيْهِمْ نَبَأَ ابْنَيْ آدَمَ بِالْحَقِّ إِذْ قَرَّبَا قُرْبَانًا فَتُقُبِّلَ مِنْ أَحَدِهِمَا وَلَمْ يُتَقَبَّلْ مِنَ الْآخَرِ قَالَ لَأَقْتُلَنَّكَ قَالَ إِنَّمَا يَتَقَبَّلُ اللَّهُ مِنَ الْمُتَّقِينَ(27) لَئِنْ بَسَطتَ إِلَيَّ يَدَكَ لِتَقْتُلَنِي مَا أَنَا بِبَاسِطٍ يَدِيَ إِلَيْكَ لِأَقْتُلَكَ إِنِّي أَخَافُ اللَّهَ رَبَّ الْعَالَمِينَ**(28).

ودونما تأويل، كان سبب القتل "**التنافس في التقرب إلى الله**" وليس الصراع على أنثى – كما يشيع في كثير من كتب التفسير – و"**الأقل كفاءة**" قرر حسم المنافسة بالتخلص من المنافس، وتشهد مصر حالياً خطاباً يرى أصحابه أن الاحتكام إلى منطق: "**اقتلوا يوسف**" هو ما يجعلهم – كما توهَّم إخوة يوسف – صالحين!

وقد بسطت هذا التصور بشيء من الاستفاضة في كتابي: "**مدخل إلى ثقافة قبول الآخر: رؤية إسلامية**". وأعادتني إليه أجواء تبعث على الكآبة تشيع في الإعلام والخطاب العام.

ومن قتل الفرد إلى القتل الجماعي تطورت منظومة "**رفض التنافس**" والاقتناع بأن التخلص من المنافس هو الحل، وأصبح هذا "**الأفضل/ المنبوذ**" ضحية يعاد إنتاجه دائماً. وفي "**الهولوكوست الرواندي**" الذي حدث عام 1994، وقُتل فيه مليون من المدنيين في مائة يوم، كان الإعلام يحرض **الهوتو** على **التوتسي** بأفكار من نوع: "**اقتلوهم وخذوا ممتلكاتهم**"، "**القضاء على الهوتو يمنحكم وظائفهم**"، وكان التحريض ممزوجاً بغير قليل من مخاطبة مطامع **الهوتو** ومواجعهم!.

ومن النتائج التي خرجت بها دراسات، هي الأهم في تاريخ ظاهرة الإبادة الجماعية، أن الزحام يخلق البيئة المواتية لقبول فكرة أن التخلص من البعض يمكن أن يكون طريقاً إلى الرفاهية، بحسبة غرائزية بسيطة .... وحقيرة!

وقد فوجئت في أحد الدرسات الأكاديمية الغربية في علم الإدارة أن أي مؤسسة يكون هيكلها الوظيفي متضخماً، أي عندما يكون فيها ما نسميه في مصر: "**بطالة مقنّعة**" تنشأ بين موظفي مشاعر كراهية غير مبررة تجاه زملائهم... فقط بسبب الزحام!

وبالعودة إلى دروس الإبادة في رواندا يلفت النظر بشدة أن "**الكذب الجماعي**" الذي مارسه الإعلام (وبالمناسبة كان إعلاماً مستقلاً من الناحية

الشكلية، لكن كانت يسيطر عليه تنظيم سري مُحكَم اسمه: "**أكازو**")، هذا الكذب الجماعي، خلق استعداداً نفسياً كبيراً لدى فئة للتخلص من الأخرى، حيث أصبح هناك تنميط لعبت "**الصورة**" دوراً كبيراً فيه – مع أمية واسعة – بحيث أصبح الراديو والتلفزيون، الوسيلة الوحيدة لمعرفة: "**الذات**" و"**الآخر.**"

وقد أصبح هناك حالة من الضيق الشديد – غير المبرر طبعاً – بكل ما يمكن أن يهدم الرواية الكاذبة "**الشائعة**". وهذا الإحساس العميق بالكراهية والألم قد لا يستطيع البعض تخيله، لكن يكفي هنا أن أستعيد ما قاله برنار كوشنير وزير خارجية فرنسا السابق عن الهولوكوست الرواندي: "**إنني لم أستطع فهم "الهولوكوست النازي"، إلا عندما رأيت "الهولوكوست الرواندي"**!."

والعبرة المهمة من كلام كوشنير أن بعض الظواهر – وبخاصة في العلوم الإنسانية – يصعب على كثيرين استيعابها ما لم يروها بأعينهم، وتلك أخطر عيوب "**الثقافة المادية**" التي لا تؤمن إلا بما تدركه الحواس، وللأسف فإن الثقافة المصرية المعاصرة هي "**ثقافة مادية**" بامتياز!

وتكرار الأكاذيب بحق فئة – أي فئة – عرقية أو دينية أو مذهبية أو إثنية أو سياسية، يخلق استعداداً نفسياً لدى مستهلكي هذه الأكاذيب

لإبادة هذه الفئة، أو على الأقل، التسامح مع إبادتها أو قمعها. وهنا أدعو إلى قراءة الرسالة التي نشرها الكاتب علاء الأسواني في مقاله في جريدة **المصري اليوم** منذ أيام تحت عنوان: **"رسالة من أحد العملاء"**. وهي رسالة من أحد شباب الثورة يعبر فيها عن إحساس عميق بالصدمة، من موقف شريحة واسعة من عامة الناس يتهمونه وأمثاله بالعمالة والخيانة!

والمجتمعات التي تبني رؤيتها للذات والعالم والآخر على الأكاذيب، تكون مرشحة لأن تشهد حالات من القتل الجماعي والاستعداد لخيار **"السحق"**، والخطر هنا هو على مستقبلنا قبل أن يكون جماعة أو فئة أياً كانت، وتكرار **"الكذب الجماعي"** يخلق مجتمعات **"كارهة للحقيقة"**، وهي مجتمعات يصفها، من رصدوا الظاهرة وصكوا المصطلح، بـ **"مجتمعات الكراهية"**!

رايحين للحج والناس راجعة![9]

علمتني عشرات السنين من القراءة اليومية – غير المتسرعة – للإعلام المصري أن "**الأخبار الصغيرة**" فيها أحياناً تكون مقابر لـ "**كوارث كبيرة**". ويحدث هذا عمداً مع بعض الموضوعات التي يكون "**دفنها**" في خبر صغير حلاً سياسياً لما يستحيل تجاهله، وبخاصة مع سقوط الأسوار القديمة التي كانت تمنح الدولة القدرة على منع الناس من معرفة ما تريد لهم معرفته بمجرد منع نشره في الصحافة الورقية.

وفي بعض الحالات، يكون السبب في نشر موضوع ما في "**خبر صغير**" أن وكالة الأنباء الغربية التي بثته اكتفت بأن يكون كذلك، وغير قليل من وسائل الإعلام لديها من الوسائل ما يمكنها – إن أرادت – من استكمال القصة من مصادر مباشرة، لكن الكسل مش وحش برضه!

([9]) نشر في الأحد 15 يونيو 2014.

وقد يتحول موضوع مهم إلى **"خبر صغير"** إذا كانت هذه حدود ثقافة القائمين على الوسيلة الإعلامية، فعندئذٍ يظهر الجهل وتعلن الثقافة الضحلة عن نفسها، وفي الحقيقة فإن الإعلام المصري يعيش **"أزهى عصور الضحالة الثقافية"** .... وباستمتاع شديد على فكرة!

وقبل أيام نشرت عدة جرائد مصرية – بينها **بوابة الأهرام** – خبراً صغيراً عن اكتشاف كتاب فرنسي في **مكتبة هارفارد** العريقة، مغلف بـ **"جلد بشري"!!!**

وحسب الخبر، أظهرت تجارب أن كتابًا فرنسيًا يعود إلى القرن التاسع عشر بـ **مكتبة جامعة هارفارد** مغلف بجلد بشري، والحديث هو عن نسخة مكتبة هوتون من كتاب: **"أقدار الروح"** للكاتب الفرنسي أرسين هوسيه. وبدأت الجامعة إجراء اختبارات على غلاف الكتاب بعد العثور على مذكرة بداخل الكتاب، الذي يوصف بأنه نظرة تأملية حول الروح والحياة بعد الموت، ذكر فيها إن الكتاب تم تغليفه باستخدام جلد بشري من الجزء الخلفي من جثة مريضة مصابة بمرض عقلي وتوفيت جراء سكتة دماغية.

وأكد بيل لاين المسئول بـ **مكتبة هارفارد** أن الاختبارات المبكرة أظهرت أن المادة المستخدمة في تغليف الكتاب ليست من جلد الماعز أو

الأغنام لكنها – على الأرجح – من جلد بشري أو "**من جلد يعود لنوع آخر قريب من البشر مثل الأنواع المتطورة من القردة!!!!**"

إلى هنا ينتهي الخبر وتبدأ الوكسة!

فالكتاب يعود إلى القرن التاسع عشر، حيث مبادىء التنوير سيد الموقف وحقوق الإنسان، حسب مرجعية الثورة الفرنسية، هي المعيار الذي يحدد المسموح والممنوع. وأحد أهم هذه مباديء هذه الحقبة التنويرية – كما يفخر مسوقوها – أنها وضعت "**الإنسان**" في مركز الكون بدلاً من "**الإله**".

لكن الحقيقة كانت أنها الحقبة التي تبلورت فيها للمرة الأولى فكرة الإبادة الجماعية للمعارضين، وأن فكرة استباحة المعارضين دون سقف ودون قاع، أصبحت عملاً واعياً مُخطَّطاً، على يد هذه الثورة التي افتتحت عصر التنوير.

والأهم في الحالة التي نحن بصددها، أننا أمام كتاب، أي منتج ثقافي، يَصعُب على أي منصف أن يتصور أن يتم تغليفه، على سبيل الخطأ، بـ "**جلد بشري**"!.

والواقعة ذكَّرتني بقراءات امتدت ما يزيد قليلاً على السنتين كنت أبحث فيها عن أي شاردة أو وردة متاحة عن "**الجرائم ضد الإنسانية**" التي

ارتكبت باسم التنوير، وقد كان كتابي: "**العلمانية أصل الإرهاب والاستبداد الحديث**" (وهو مختارات مترجمة) حصيلة هذه القراءات.

ومما ذكـَّرتني به هذه الواقعة التي جرى دفنها في "**خبر صغير**"، أن سنوات الصراع بين الثورة الفرنسية وخصومها – في الحقبة التي تسمى: "**حُكم الإرهاب**"، شهدت "**ممارسات تنويرية**" من هذا النوع الحقير، فمثلاً يروي المؤرخ الفرنسي رينالد سيشر أنه في السنوات التي تلت جريمة إبادة جماعية رهيبة راح ضحيتها ما يقرب من ربع مليون فرنسي من معارضي الثورة، في جريمة إبادة جماعية بشعة، سُجِّلتْ شهادة وافية حول الأعمال الوحشيةِ التي ارتكبتها الفِرَق العسكرية للجمهوريةِ. ففي أحد الوقائع تم إلقاء أناس وهم أحياء في بئر قلعة؛ وتم إحراق 150 امرأة بديلاً عن المحروقات!

وفي حالتين يرويهما المؤرخ الفرنسي – وهذا ما يتصل مباشرة بالخبر المشار إليه – تم فيها دبغ جلد الضّحايا وصنعت منه أسرجة لخيول ضباط كبار. والمدهش (وأيضاً المفيد في المساعدة على فهم ما يجري في مصر، وفهم حالة "**التهليل التنويري**" الغبي للاحتكام، مع المعارضين، إلى قانون الدم) أن مثقفين فرنسيين معروفين ما زالوا يجادلون حتى اليوم دفاعاً عن جريمة إبادة جماعية، أصبحت وقائعها موثقة، مبررين ذلك بأنه كان بهدف "**إنقاذ الدولة الفرنسية**" من التفكك أو الوقوع تحت احتلال أجنبي.

وفي هذه التجربة السياسية الملطخة بالدم، تم – لأول مرة – صياغة نظرية: "**أعداء الشعب**"، وما تزال تـُستخدَم بالطريقة نفسها، لتبرير الجرائم نفسها، من: ستالين، إلى "**الخمير الحمر**" في كمبوديا، إلى صدام حسين، إلى جمال عبد الناصر، إلى بشار الأسد، وغيرهم كثيرون.

ويمتلىء إعلامنا وخطابنا التحليلي وخطابنا السياسي بهذا الكلام البغيض، بينما الفرنسيون أنفسهم – ومنذ الذكرى المائتين لـ "**الثورة الفرنسية**" (1989) – يراجعون تاريخهم ويعترفون بما شابه من أخطاء، بينما بعض تجار الوطنية والمتبجين بالجهل يدعون إلى استلهام الصفحات الأكثر سواداً من تاريخ "**الاستبداد الثوري**"، وكأن قدرنا ألا نستوعب عبرة جريمة اقترفها الآخرون، إلا بعد أن نقترفها بأنفسنا، عملاً بالتشبيه الساخر البليغ: "**رايحين للحج والناس راجعة**"!!

الإخوان و"السكان الأصليين!"[10]

قرب نهاية التسعينات التقيت في القاهرة – عدة مرات – وفداً من مسلمي البوسنة كانوا يقومون بالتعريف بمشكلتهم، عبر ندوات ولقاءات متعددة.

وخلال هذه الندوات سمعت منهم الكثير، وبخاصة من إبراهيم أحمد جيتش، وكان ممثلاً لـ "**المشيخة الإسلامية**" هناك. وقد كان مما سمعته من هذا المثقف البوسني المعروف – ولا أنساه أبداً – كيف صنع الصرب خطوط تقسيم من نار بين المسلمين والصرب الأرثوذكس، وكيف بنيت العملية كلها على "**أكاذيب**" مفضوحة، تحولت بالإلحاح عليها إلى حقائق راسخة – في ذهن عموم الصرب – منحت العداء قوته الدافعة، فكانت الثمرة

[10] **نشر في الأحد 6 يوليو 2014.**

أكثر من مائتي ألف قتيل، وعدة آلاف من النساء المغتصبات، فضلاً عما يزيد قليلاً عن 15 ألف طفل سفاح.

فالكذب في الحقيقة أحد "**أسلحة الدمار الشامل**" في الصراعات داخل المجتمعات، والدرس في البلقان يكفي!

كانت شبه جزيرة البلقان، منذ الأربعينات من القرن الماضي، كياناً اتحادياً بين مجموعة متمايزة دينياً (مسلمون ومسيحيون) ومتمايزة مذهبياً (أرثوذكس وكاثوليك)، لكن الجميع – من الناحية العرقية – كانوا (باستثناء أقليات محدودة جداً) ينتمون جميعاً إلى العرق "**السلافي**". وكانت البلقان (وكان اسمها آنذاك: جمهورية يوغوسلافيا) دولة شيوعية محكومة بالحديد والنار، على نحو قمع كل الهويات حتى وفاة تيتو في الثمانينات، لكنها كانت، تاريخياً، مثقلة بأعباء الصراع العثماني الأوروبي الذي كان قدرها – بسبب الجغرافيا – أن تكون في قلبه.

وبوفاة تيتو تم تكوين مجلس رئاسي يحكم بشكل جماعي، حتى قرَّر ممثل الكروات – الكاثوليك – إعلان الاستقلال في الدورة التي كان فيها يرأس المجلس، فاشتعلت حرب كراوتية/ صربية، سرعان ما انتهت بتدخُّل قويّ من بابا الفاتيكان، لتشتعل حرب أخرى صربية بوسنية لم تتوقف لأن المسلمين لا "**بابا**" لهم !

المهم في هذا الدرس المرير أن الصرب، حتى يشعلوا نار **"الحقد المقدس"** ضد المسلمين، أشاعوا بقوة أكذوبة أنهم **"أتراك"** وافدون، وأن الصرب – في المقابل – هـم: **"السكان الأصليون".** وبناءً على هذه **"الأكذوبة العرقية"،** استباح عامة الصرب دماء المسلمين وأعراضهم، دون أن يشعروا بأي نوع من تأنيب الضمير، بوصفهم غرباء/ أعداء!!

ومن يراجع جانباً لا يستهان به من الخطاب المرافق للصراع السياسي بين الإخوان وخصومهم – وهو جزء من صراع سياسي أوسع – يلاحظ حضوراً ملحوظاً لخطاب: الغرباء/ الأعداء، بدءاً من التصريح الشهير للدكتور محمد البرادعي – نائب رئيس الجمهورية المستقيل – الذي وصف فيه المناخ العام بأنه مناخ: **"سحق الإخوان"،** وصولاً إلى نسبة مؤسس الجماعة إلى **"يهود المغرب".**

وطبعاً، لا تساق الرواية بوصفها حقيقة محايدة، قد يتقبلها كثيرون (قياساً على القبول الكبير لمنح الجنسية المصرية للمخرج المعروف محمد خان مثلاً) بل تساق بوصفها مؤامرة تم التخطيط لها، وطبعاً، في ظل مناخ العداء لليهود – وهي ظاهرة إلحادية لا صلة له بالإسلام مطلقاً، وطبعاً لا صلة لها بالقضية الفلسطينية – فمن المتوقع أن تثير (وبخاصة عند العامة) حالة من الكراهية والاستعداد التام للتخلص من الجماعة (قيادات وأعضاء)، دون أي إحساس بالذنب!

وشواهد كثيرة على هذا الخطاب الإقصائي الذي يسعى بكل شراسة لتحويل الأزمة السياسية في مصر إلى صراع بين "الإخوان" و"السكان الأصليين"!!"

وأخطر أدبيات هذا الخطاب تتسم بسمات صوفية عاطفية واضحة، تتحدث بشكل مبهم عن هوية أكثر إبهاماً، كل ما يمكن رؤيته واضحاً من ملامحها، أنها هوية تستبعد المتدينين، تحت غطاء الدفاع عن الهوية المصرية من خطر "الإخوان الوافدين". وهم عند البعض — حتى لو لم يكونوا وافدين — مدعوون للرحيل، أو لقبول الموت وراء جدران السجون، في ترجمة رديئة للشعار الصهيوني البائس: "الأرض التي بين النهر والبحر لا تتسع إلا لشعب واحد."

وطالما بقي الصوت الأعلى هو لـ "الأصوات الشعبوية"، فسيبقى هذا الخطاب يتردد ويجد مستهلكيه، ومن المؤكد أن وجود مستهلكين لخطاب ما — أياً كان — لا يعني أنه "صالح للاستهلاك الآدمي"، وإلا فإن مستهلكي البانجو والترامادول، أضعاف أضعاف مستهلكي الكتاب المطبوع مثلاً... !!!

ومن الحقائق التي ينبغي الالتفات إليها أيضاً، أن بعض وسائل الصراع السياسي تترتب عليها نتائج تتجاوز — مع الزمن — حدود الصراع

السياسي، وتتحول إلى **"فاعل مستقل"** لا يتوقف تأثيره على المجال الذي تم استدعاؤه لأجله. والمثال من البلقان أيضاً، فهذه المنطقة، التي شهدت أحد النماذج المبكرة للاستخدام المبكر للاغتصاب كسلاح لكسر إرادة خصم، شهدت بعد الحرب انتشاراً مخيفاً للاغتصاب كطوفان اجتماعي كاسح، وصل انتشاره إلى حد تعرُّض 40 % من النساء من عينة دراسة مسحية أجريت في كرواتيا قبل سنوات، نسبة كبيرة منها حدثت داخل العائلة!

وعليه، فإن إطلاق مثل هذه الكائنات الديناصورية – على طريقة فيلم **"الحديقة الجوراسية"** للمخرج الأمريكي ستيفن سبيلبرج، يمكن أن يجعل الجميع تحت رحمة هذه الكائنات، وبعض الظواهر فعلاً، مثل ديناصورات سبيلبرج يمكن أن تخرج عن نطاق السيطرة. والسنوات القليلة الماضية في مصر شهدت **"نماذج مصغرة"** من هذه الظاهرة.

ولا معنى أبداً لأن تكون هناك ضوابط تنظيمية صارمة لتحديد من يحق له **"إنتاج الخطاب الدعوي"** عبر منابر المساجد، بينما لا تكون هناك ضوابط للخطاب الإعلامي، مثلاً!

ويبقى السؤال: انت من الإخوان ولا من **"السكان الأصليين"**؟

في منزل دكتور حلمي مراد[11]

في النصف الأول من التسعينات توليت مسئولية "**مقرر أمانة الدعوة والتثقيف**" بحزب العمل، وهي تجربة كان من ثمارها التعرف على بعض أهم رموز العمل العام في مصر بمعناه الواسع. ومن بين هؤلاء تتميز علاقتي، التي لم تطل، بالدكتور محمد حلمي مراد نائب رئيس الحزب بأهمية خاصة، وأيضاً بمذاق أكثر خصوصية.

كان الدكتور محمد حلمي مراد، رحمه الله، شخصية استثنائية بكل المقاييس، فهو رفيق كفاح الزعيم الوطني الراحل أحمد حسين مؤسس حزب "**مصر الفتاة**"، وقد تزوج الراحل أحمد حسين شقيقة الدكتور حلمي مراد، وهو بالتالي خال القيادي مجدي أحمد حسين رئيس "**حزب الاستقلال**" (العمل الجديد سابقاً).

---

[11] نشر في السبت 5 يوليو 2014.

وحلمي مراد أستاذ قانون مرموق، وكان قبل نهاية ستينات القرن
الماضي، أصغر رئيس جامعة في مصر، وهو ما جعله بطل فصل من فصول
تاريخ مصر المعاصر سمعتها منه في بيته، وهو ما سأحاول تلخيصه في هذا
المقال. ومن الصفحات المهمة في تاريخ الرجل أيضاً انه **"راهب علم ونضال"**،
عاش ومات وحيداً، ولم يتزوج أبداً. وخلال السنوات الأولى من سبعينات
القرن الماضي كان يعمل بوظيفة مرموقة بأحد مكاتب الأمم المتحدة في لبنان
— على ما أذكر — مع بداية التحول السياسي نحو التعددية الحزبية.

في هذا الوقت قرر المهندس إبراهيم شكري (الوزير السابق/
المحافظ السابق) تأسيس **"حزب العمل"**، وطلب من الدكتور حلمي مراد
العودة إلى مصر للمساهمة في التأسيس، واستجاب الرجل للدعوة فوراً مضحياً
بمعاش تقاعدي من الأمم المتحدة يسيل له لعاب أي شخص، وهو كان
يحتاج إلى تأجيل قرار عودته فترة قصيرة، لكنه لم يفكر، وحزم أمتعته فوراً.

وعندما كانت عودة **حزب الوفد** إلى الحياة السياسية تستوجب أن
يكون بين مؤسسيه نصاب من نواب البرلمان لا يملكه، انضم الدكتور حلمي
رحمه الله إلى مؤسسي **"الوفد الجديد"** ثم استقال بعد حصول الحزب على
الترخيص، ولم يلتفت مراد آنذاك إلى تاريخ طويل من العداء التاريخي بين
الوفد (القديم) ومصر الفتاة، وهو صراع كان فيه فؤاد باشا سراج الدين في
مواجهة طويلة مع الأستاذ أحمد حسين.

وقد بدأت علاقتي – المباشرة – بالدكتور حلمي مراد عندما ألحَّ عليَّ صديق عزيز، كان مهتماً بشكل استثنائي بتاريخ الحركة الطلابية، أن يسجل شهادة الدكتور حلمي مراد على مظاهرات الطلبة الشهيرة التي ملأت جامعات مصر عام 1968، احتجاجاً على "**نكسة يونيو.**"

وبدأت صلة الدكتور حلمي مراد بالقصة – كما رواها لي في بيته – باجتماع دعا إليه جمال عبد الناصر، ليسمع بنفسه من رؤساء الجامعات. وحسب رواية مراد، فإنه – آنذاك – لم يكن يملك سيارة، ووصل إلى رئاسة الجمهورية في سيارة رئيس جامعة يسكن قريباً منه، وهو عند العودة رفض أن يوصِّل الدكتور حلمي مراد بسبب اللهجة الصريحة التي وجه بها النقد لجمال عبد الناصر، وهو قال للدكتور حلمي مراد: لن تعود إلى بيتك إلا جثة، سيضربونك بالنار بسبب ما قلته!

وما حدث أن عبد الناصر طلب من رؤساء الجامعات رأيهم فيما حدث، وكان الدكتور حلمي مراد – بوصفه الأصغر سناً – آخر المتحدثين. وحسب روايته، فوجيء بأن من سبقوه قدموا تقريراً أمنياً!

عدد الطلاب ... شعاراتهم ... مسار المظاهرات، فلما جاء دور الدكتور حلمي تحدث باستفاضة عن الطلاب ودورهم الوطني في تاريخ مصر المعاصر، ودافع عن حقهم في الاحتجاج السلمي، معترضاً على الإجراءات التي

اتخذت لمواجهة المظاهرات. لكن الأهم أنه انتقد بشدة حكم الحزب الواحد وحمَّله المسئولية عن الأوضاع التي أدت إلى النكسة.

وبعد أيام من هذا اللقاء فوجيء الدكتور حلمي مراد باتصال من جمال عبد الناصر يطلب منه تولِّي منصب وزاري فاعتذر مراد بحبه للتدريس، فكان رد عبد الناصر عليه محرجاً، إذا انتقد منطق المثقف الذي ينتقد وهو خارج السلطة، فإذا جاءته فرصة للمساهمة في الإصلاح يعتذر!

وقبل حلمي مراد المنصب ولم تنته القصة، وإن كان من المهم الإشارة هنا إلى أنه – رحمه الله رحمة واسعة – انتبه مبكراً في تجربة عمرها 16 شهراً لا أكثر، أنه في مرمى نيران شلة من المحيطين بعبد الناصر – أحدهم وزير ما زال على قيد الحياة اتهمه اللواء جمال حماد بأنه جاسوس لـ **"المخابرات الروسية**، ولعب دوراً في الكواليس في ما حدث يوم 3 يوليو 2013 – وكان حلمي مراد يسمي هذه الشلة: **"مكتب الخدم!!"**

المعركة بين مراد و**"مكتب الخدم"**، كان سببها الرئيس رغبتهم في السيطرة عبد الناصر، ورفضهم أن يسمحوا بأن يتولى أي شخص منصباً، إلا من خلالهم. وفي الاجتماع الأول لمجلس الوراء طلب عبد الناصر سماع رأي أعضاء المجلس في الهزيمة العسكرية، ودعا الدكتور حلمي مراد لأن يكون أول المتحدثين فظل يتحدث – منتقداً – حتى أنهى جمال عبد الناصر الجلسة طالباً منه أن يكمل في الجلسة التالية.

وفي واقعة هي الأولى من نوعها في تاريخ التحالف المشئوم بين عبد الناصر ومحمد حسنين هيكل، كانت الأفكار التي طرحها حلمي مراد أحد أهم مصادر: **"بيان 30 مارس"** الذين تم إبعاد هيكل عن كتابته بشكل شبه تام. وهو ربما الوثيقة الوحيدة في هذا العهد المظلم الذي كان فيها تقدير واضح للديموقراطية والتعددية.

ومن المؤكد أن المقال لا يتسع لما سمعته في هذا اللقاء الطويل المهم، الذي حرصت على تدوين أهم ما سمعته فيه لأنني أدركت أنه **"حدث استثنائي"** بالنسبة لي. والأهم أن الدكتور حلمي مراد رحمه الله أخبرني في هذا اللقاء أنه يكتب ذكريات هذه التجربة في كتاب اسمه: **"16 شهراً مع عبد الناصر"**، وما زال مصير هذا الكتاب مجهولاً، على الأقل في حدود معلوماتي !

رحم الله عادل عيد[12]

تربطني بالإسكندرية علاقة حب من نوع خاص. ولولا ارتباط عملي بالقاهرة – اضطراراً – لما فكرت في الإقامة في أي مدينة أخرى. لكن حبي للإسكندرية كان، إلى حد كبير، محكوماً عليَّ فيه بالحرمان من المحبوب، فلم أتمكن من انتزاع نفسي من مشاغلي لأزورها إلا مرات قليلة. ومن أهل الإسكندرية الذين ربطتني بهم علاقة قوية الأساتذة: خالد الزعفراني، وعادل عيد، وطلال عبد المنعم الأنصاري، رحمهما الله رحمة واسعة. فأما خالد الزعفراني فعرفته خلال تجربتي الحزبية في حزب العمل في تسعينات القرن الماضي، وأما الراحل الأستاذ طلال (نجل شاعر الإسكندرية الأشهر عبد المنعم الأنصاري) فعرفته عن طريق الصديق الشاعر المبدع أحمد شلبي.

وعرفت الأستاذ عادل عيد رحمه الله في العام 2004، عندما راسلته عن طريق مجلس الشعب، وبعد أيام اتصلت به وكان في الإسكندرية. تحدثنا

---

(12) نشر في السبت 19 يوليو 2014.

طويلاً، واتفقنا على اللقاء في مكتبه في جاردن سيتي بالقاهرة. كان الرجل رحمه الله واحداً من النماذج النادرة في الحياة السياسية المصرية، وكان نضاله في البرلمان صفحة في تاريخ الحياة البرلمانية المصرية تمتد من سبعينات القرن العشرين حتى السنوات الأولى من القرن العشرين، وهو بالمناسبة سجَّل جانباً منها في كتاب مهم، لم يكن له حظ كبير من الانتشار، هو كتاب: "المضابط تتكلم."

وقد نشأ بيني وبين الرجل علاقة مودة وأصبحنا دائمي التواصل، ورأيت فيه عن قرب رجل القانون المتواضع المتجرد الذي لا يحوله الشيب وتقدُّم العمر، إلى كائن المغرور المحتقر للأجيال الأصغر سناً – وما أكثرهم في هذه السنوات العصيبة – فلم يكن هذا المحامي اللامع ممن لا يرى الفضل إلا عند أهل الشيب..!

وخلال فترة تقل عن العامين، كانت الصلة بيننا قد ترسَّخت، فأعطاني نسخة من دراسة قانونية له (ضاعت من مكتبتي للأسف)، وهو قال لي وقتها إنها لم تنشر بعد، عنوانها: "**المحاكم العسكرية ليست محاكم وقضاتها ليسوا قضاة**"، وهي دراسة لا أدري – حتى اليوم – هل نشرت أم لا؟.

ومن المواقف التي لا أنساها في هذه العلاقة التي تأثرت بها كثيراً، أنني اتصلت به ذات يوم فوجدته معتكر المزاج جداً. ودار بيننا في هذه الليلة حوار طويل. قال لي الأستاذ عادل عيد – رحمه الله رحمة واسعة – إن أحد

مساعدي وزير الداخلية كان في البرلمان في هذا اليوم وسئل عن ظاهرتي: "**الاعتقال المتكرر**" و"**الاعتقال الممتد**" فنفاهما نفياً تاماً، مؤكداً أن كل من يتم اعتقاله، يعود بعد الإفراج إلى ممارسة نشاط يهدد أمن البلاد، فيتم اعتقاله بناء على عودته إلى نشاطه.

وكان الأستاذ عادل عيد يعلم يقيناً أن ما يحدث بالفعل، شيء مخالف للحقيقة، حيث يتم الإفراج عن المعتقل على الورق، ثم يتم نقله – دون سند قانوني – إلى قسم شرطة أو مركز شرطة أو مكان احتجاز آخر، ثم يتم استصدار قرار باعتقاله وهو محتجز، ليعود إلى المعتقل مرة أخرى. وكان ما يحكيه الأستاذ عادل عيد رحمه الله، ماكينة ضخمة تدور لسنوات طويلة في وزارة الداخلية – والأهم بالنسبة لي – أنه كان يشرح لي ما كنت قد عاينته بنفسي في حالات عديدة.

وسألته عن التكييف القانوني فأكد أن هذه "**جريمة مُركَّبة**" وعرضت عليه أن يتقدم ببلاغ للنائب العام، فكان رده أنه يفضل – احتراماً للتقاليد البرلمانية – ألا يلجأ إلى آلية مساءلة آخرى، فسألته عن مدى استعداده لأن يوقع ضمن آخرين على بلاغ للنائب العام، فلم يعترض، فرجوته أن يرسل إلي نصاً للبلاغ.

ووقعت على البلاغ، ودعوت عدداً من الشخصيات العامة للتوقيع عليه، فوقَّع عليه ما يزيد قليلاً عن عشرين شخصاً. وذهبت بصحبة بعض

الموقعين إلى مكتب النائب العام، وقدمنا البلاغ وأرفقنا به عدداً كبيراً من شهادات الاعتقال الممتد والمتكرر، ونشرت جريدة **الشرق الأوسط** اللندنية خبراً مفصلاً عن البلاغ. ....

ولا حياة لمن تنادي!!!

وقد كانت هذه الفترة (2004/ 2005) بداية التحول النوعي الذي أفضى إلى تأسيس **حركة كفاية،** وما تلاها من تصاعد في المد الاحتجاجي، وصولاً إلى الخامس والعشرين من يناير المجيدة. وكان الأستاذ عادل عيد عند نضوج الثمرة قد غادر الدنيا منذ سنوات، لكنه كان واحداً من الوجوه التي تذكرتها في هذه الأيام. كونه واحداً ممن أسهموا بنصيب وافر نضج الثمرة.

واليوم وأنا أرى حالة التحريض غير المسبوقة في، الخطابين الإعلامي والسياسي، على الحريات ودولة القانون، أتذكر هذا الرجل الجليل الذي كان نصيراً حقيقياً للحرية ودولة القانون، وأتذكر لقاءات واتصالات تعلمت منه فيها الكثير.

وفي الليلة الظلماء يفتقد البدر   !

إنها ذكرى المسيري[13]

في الخامس من يوليو 2008 نشرت لي جريدة "**البيان**" الإماراتية مقالاً عنوانه: "**عن المسيري ومراجعاته**"، كانت الجملة الأخيرة منه رثاء المفكر الكبير، الذي كان قد توفي قبل يومين لا أكثر، والعبارة أضافتها الجريدة إلى المقال الذي كتبته وأرسلته قبل وفاة المسيري، بيومين وعند نشر المقال كان الرجل بين يدي الله!!!!

وما زلت حتى اليوم لكما تذكرت وفاة الرجل تذكرت هذا المقال. وقد كتبت هذا المقال في بيروت، وكنت في زيارة لها لعدة أيام كان شاغلي الأساسي فيها مراجعة كتابي: "**عبد الوهاب المسيري من المادية إلى الإنسانية الإسلامية**" (نشر في بيروت في 2009). ولما كنت خلال أيام الزيارة أعايش

[13] نشر في السبت 12 يوليو 2014.

الكتاب في قراءة أخيرة، فقد لفت نظري فيه مراجعات أرى أنها اليوم (في 2014) لم تزل ذات دلالات مهمة جداً.

الفكرتان اللتان توقفت أمامهما في المقال من مراجعات المسيري أولاهما إقراره بأن جيله على قناعة الآن (2008) بأن رهانه على "**الدولة المركزية**"، و"**الحاكم القوي**"، كطريقٍ للتحديث كان خطأ. الفكرة الثانية هي الاقتناع بالأهمية المتزايدة للديمقراطية. وما أدركه عبد الوهاب المسيري، وانتبه إلى ما فيه من خطأ، هو نفسه ما أصبح النغمة السائدة – أو قل الوحيدة التي يسمح بها الإعلام "**المستقل**" – وهي نغمة نشاز، تلعن الديموقراطية وترسم لها صورة أقرب إلى "**أمنا الغولة!**"

ووفقاً لهذا النشاز الوطني والفكري السائد إلى حد التفشي الوبائي، فإن الأمن القومي يعني – بالضرورة – وأد الديموقراطية، وأن الدولة القوية هي القوية في مواجهة شعبها، المحكومة بالحديد والنار، والتضليل، والوشاة، والمنافقين، والفاسدين، وعلى رأس هذا الجيش الجرار يقف "**المنقذ**" رمزاً للتحديث القسري المفروض من أعلى، ولا أدري كيف كان يمكن أن يكون شعور الدكتور عبد الوهاب المسيري، لو عاد اليوم، ورأى بعض رفاق "**حركة كفاية**" (وغيرها من الأطر التنظيمية للمعارضة في السنوات الأخيرة من حكم المستبد المخلوع حسني مبارك) وهم يهتفون لكل الممارسات التي هتفوا سابقاً بسقوطها!

وقد رحل المسيري، رحمه الله، في يوليو 2008، وكان انضمامه إلى "**حركة كفاية**"، وتوليه مسئوليتها دفعة قوية للحركة، وهو انضم إليها بعد سنوات فرض على نفسه فيها التفرغ لمشروعه الفكري الأكثر شهرة: "**موسوعة اليهود واليهودية والصهيونية**"، الذي شاركت بتحريره خلال سنوات بدأت في 1994 واستمرت حتى صدورها.

وقد عرفت المسيري بعد أن طلب مني الأستاذ عادل حسين أمين عام حزب العمل رحمه الله، أن اتصل به لأتولى مسئولية تنظيم احتفالية بوفاة القيادي الفلسطيني الراحل خالد الحسن (أبو السعيد)، واتصلت بالمسيري وتعرفت عليه وعلى الدكتور السعيد خالد الحسن، وتم تنظيم الاحتفالية بشكل كان السبب الرئيس في قرار المسيري بأن أتولى مسئولية تحرير النسخة الأخيرة من الموسوعة. وقد كان من ثمار الاحتفالية أيضاً التعرف بالباحثين المعروفين: الدكتور نصر عارف الأستاذ بكلية الاقتصاد والعلوم السياسية، والأستاذ هاني رسلان خبير الشئون الأفريقية بمركز الأهرام للدراسات.

وخلال سنوات دخلت منزل الدكتور عبد الوهاب المسيري مرات يصعب عليّ إحصاؤها، وربطتني صلة ودودة أعتز بها كثيراً بزوجته الدكتورة هدى حجازي الأستاذ بكلية البنات بجامعة عين شمس، كما تعرفت على نجله الدكتور ياسر وابنته الدكتورة نور.

وفي اللقاء الأخير مع الدكتور عبد الوهاب المسيري رحمه الله اتفقنا على تأسيس حركة للمطالبة بـ **الحقوق الاقتصادية والاجتماعية للكتاب والمثقفين**، في ظل الحالة البائسة لاقتصاديات الثقافة في العالم العربي، وبخاصة في مصر، وكان رحمه الله شديد الحماس للفكرة. وفي اللقاء نفسه أخبرني الدكتور المسيري أنه بصدد كتاب عن "**النكتة**"، وكانت النكتة موضوع اهتمام مشترك بيننا خلال سنوات من علاقة العمل.

وقليلون هم من يعرفون أن المسيري، رحمه الله، كان يتمتع بروح دعابة وخفة ظل مشهودة. وأذكر أنني أثناء زيارة لي إلى منزله أمسك أجندة صغيرة وبدأ في تفريغ ملاحظات دونها على أوراق متفرقة، كانت الملاحظات في معظمها مواعيد اتفق عليها وكتبها في هذه الأوراق، ويريد جمعها في هذه الأجندة الصغيرة.

التفت إليَّ المسيري رحمه الله وسألني: هو النهاردة إيه؟ فقلت: والله ما اعرف؟ قد يكون كذا أو كذا. وبعد قليل قلت له: الحكاية بتتكرر معايا كتير على فكرة، هو مش عدم الإحساس بالزمن ده من علامات الجنون؟

وابتسمت وسألته: تفتكر حد ياخد باله يا دكتور؟

فقال: يووه .... انت كل فين وفين على ما ها تقابل واحد عاقل في البلد دي؟!!!!!

ورنت ضحكته صافية.

ورحل الدكتور عبد الوهاب المسيري، وبقيت ذكريات ومواقف يصعب نسيانها، وبقيت مواقفه وأفكاره تتسم بأصالة تجعلها دروساً حتى اللحظة. وقد أثبتت تجارب السنوات التالية أن الرجل كان يرى ببصيرة ويعبر بصدق، فيما كان كثيرون ممن – بدا لنا – أنهم يحملون الهموم نفسها ويدافعون عن القيم نفسها، **"على أبصارهم غشاوة"** و.....

رحم الله الرجل رحمة واسعة ونفع به وبعلمه.

مطلوب وثيقة أمن قومي "معلنة"([14])

تحمل المعركة الدائرة في غزة وعليها الكثير من الدلالات والدروس والعبر ... وكذلك المفاجآت!

ودون شك، كانت المفاجأة الأجمل، الصلابة والكفاءة التي ظهرت بها فصائل المقاومة. لكن مفاجآت أخرى أقل إثارة للابتهاج كانت في الخلفية!

الكاتب الليبرالي المعروف هاني شكر الله كتب على **الفيس بوك** عن خرافة "**الخلايا النائمة**" والإلحاح الإعلامي عليها، وكيف أن "**حرب غزة**" هي من كشف عن "**الخلايا الإسرائيلية النائمة**"، وهذا الذي فاجأ الكاتب الكبير ورأى فيها مفارقة مخزية، له وجوه آخرى.

فالذين تاجروا إلى حد الفضيحة بـ "**عمالة**" ألصقوها بهتاناً بكل مخالفيهم لإسرائيل، كشفوا عن ولاء لإسرائيل يتوارى بجواره خجلاً ولاء بنيامين نيتانياهو نفسه. ولعل مما شفى صدور البعض أن الفضيحة كانت في

([14]) نشر في السبت 26 يوليو 2014.

المنابر الإعلامية نفسها التي فاض منها فيضان التحذير واللطم والتشنيع والتحريض والصراخ من "**وحش**" الإخوان ونشطاء الثورة "**العملاء لإسرائيل**!!!"

وطبعاً كان هذا دائماً مشفوعاً بالإشارة إلى رسالة مرسي التي وصف فيها مسئولاً إسرائيلياً بالصديق، من هذه المنابر نفسها غمرنا فيضان من الدعوات الفاجرة إلى شنق آخر حمساوي بأمعاء أخر حمساوي – بمبررات مختلفة، حسب درجة بذاءة كل منبر – دون أن يكون هناك أي خجل بأي لون!!

وما يحدث كاشف للمدى الذي وصل إليه استعداد شرائح ليست بالقليلة من "**مثقفي السلطة**" وإعلامييها للتنكر للقيم الأخلاقية والإنسانية، بل استعداد لتهديد الأمن القومي، تهديداً جسيماً، لأجل الكرسي.

والصراع هنا ليس مسابقة في القدرة على الإحراج وتفنيد خطاب الخصم، فهذه مراهقة سياسية، لكنه صراع بين طلاب سلطة حولوا "**الأمن القومي**" إلى "**ممسحة جزم**" لرغبتهم المريضة في الاحتفاظ بالسلطة، وعلى حساب الوطنية والهوية والكرامة والمصالح المباشرة للدولة المصرية.

والبوم الذي ينعق بغباء جاهل وجهل غبي، بأن غزة ليست شأناً مصرياً لا يستطيعون – في ضوء مبدأهم – تفسير الدور الأمريكي (وبينها وبين

غزة محيط وبحر)، ولا يستطيعون أن يدركوا خطورة أن يتحكم الخلاف السياسي مع الإخوان في الموقف الرسمي المصري من الحرب على غزة.

ولهؤلاء أقول إن وجود دولة ترفض تحديد حدودها وترفض الاعتراف بالحقوق السياسية للبشر التي اغتصبت أرضهم، لتحقق مشروعها الاستعماري، وجود هذه الدولة على حدودنا وقبولنا سلوكها هذا – بمعايير المصالح والأمن القومي وحسب – هو تفريط في الأمن القومي المصري.

والأمن القومي ليس شأناً عسكرياً خالصاً ولا يمكن أن يكون، ولا يمكن أبداً أن يستقل العسكريون بوضع معاييره، وهذا هو الحال في كل الدول التي يتوفر بها الحد الأدنى من **"دولة المؤسسات"**. وبسبب غياب هذه الوثيقة فإن **"تأويل"** المعنى ليخدم وجهة النظر هذه أو تلك، قد امتهن واحداً من أكثر المفاهيم مركزية في إدارة الدولة، ولإغلاق بالباب أما هذا الامتهان، ثمة ضرورة لوثيقة أمن قومي مصرية معلنة.

وما حدث في الحرب على غزة، على مستوى الخطاب الرسمي للخارجية المصرية (وبخاصة التصريح **"التكفيري"** البائس لوزير الخارجية سامح شكري عن **"الخلاف العقائدي مع حماس"**، وعلى مستوى الخطاب الإعلامي الرسمي وغير الرسمي، والسلوك السياسي للدولة المصرية، كل هذا يفرض ضرورة وجود وثيقة معلنة لـ **"الأمن القومي"**، وثيقة تحدد معناه والمصادر التي يمكن أن تهدده. وهي ستجعلنا – جميعاً – أمام أسئلة

محددة تحتاج إجابات أكثر تحديداً عن: العدو (أو الأعداء)، وهل يجوز أن تخوض الدولة صراعاً مع "**عدو داخلي**"، بوصفها "**معركة وطنية**" تخوضها الدولة لحماية الأمن القومي؟

وفي حال قبول منطق "**عدو الداخل**" فمن هو؟ وهل يجوز تحديده بمنطق الفيلم المؤلم/ الممتع: "**البريء**" للمخرج عاطف الطيب؟ بل هل يكتشف ملايين المصريين بصدور مثل هذه الوثيقة أنهم جميعاً ضحية الخديعة نفسها التي تعرض لها أحمد سبع الليل؟

إن صدور مثل هذه الوثيقة سيجعل بالإمكان منع سماسرة السياسة وشراشيح الإعلام من اتهام كل من يريدون إرهابه بتهديد الأمن القومي. وفي الوقت نفسه، فإن صدور هذه الوثيقة سيضع – للمرة الأولى – مرجعية يمكن محاسبة رئيس الدولة والجيش وأجهزة الأمن السيادي وفقاً لها. ومن ناحية أخرى فإن غياب هذه الوثيقة "**المعلنة**"، مما يمكن أن يكون له تأثير كبير في مسار الكثير من القضايا المنظورة أمام القضاء التي يواجه فيها متهمون ادعاءً بتهديد الأمن القومي.

ووثيقة كهذه ستكون – إن صدرت – تحولاً نوعياً تأخر كثيراً فيما يتصل بالعلاقات المدنية العسكرية، وسيغلق باباً من أبواب الفساد السياسي المتمثل في تقاذف اتهامات الخيانة والعمالة على المخالفين، وهو وباء انتشر

بشكل مرعب بعد ثورة الخامس والعشرين من يناير، وفاق انتشاره كل حد
بعد الثالث من يوليو 2013 .

"رابعة" والشوق إلى "تيان آن مين!"[15]

من التفاصيل الشخصية التي تربطني بفض اعتصام رابعة أنه حدث في يوم عيد ميلادي!

وهذا يعني أنني لسنوات، لا يعلم إلا الله إلى متى تمتد، سأظل أتذكر فض رابعة مع كل مرة أتذكر عيد ميلادي أو أتلقى فيها تهنئة به، وهكذا شاءت إرادة الله أن تكون هذه الذكرى التي من الطبيعي أن تكون محببة لصاحبها، يوم حزن لا ينسى.

وقد جاءت ذكرى فض رابعة الأولى متزامنة مع تقرير مؤلم يتصف بكثير من الجرأة ويستحق توجيه التحية لمن عملوا فيه ومن أصدره. ولحظات سفك الدماء في حياة الأمم دائماً لحظات اختبار أخلاقي عسير، وتتبعها غالباً صدام ثقافي كبير بين الإدانة والتبرير، أو بين "**التكريم**" و"**التجريم**"، وقد

---

[15] نشر في الأحد 17 أغسطس 2014.

هالني أن تكون هناك أصوات – صحيح أنها قليلة – تدعو للاحتفال بفض رابعة بوصفه يوم "**استعادة الدولة**" وهو تعبير محرض مضلل يشبه إلى حد كبير أكذوبة "**شجرة الخلد**" التي استخدمها إبليس في غوية آدم.

وفي النظم البوليسية يحدث كثيراً أن يتم التعتيم على الحقيقة، لفترات تطول أو تقصر، حتى يصبح الكشف عنها بعد سنوات أو عقود نوعاً من التعامل مع "**تاريخ ميت**"، جثة يكون التعامل معها على قاعدة: "**ما لجرح بميت إيلام**"، وهنا تأتي أحد أهم وجوه أهمية تقرير **هيومان رايتس ووتش** الذي وثّـق الحقيقة – أو على الأقل جانباً كبيراً منها – بينما دم الضحايا لم يزل ساخناً.

وجريمة فض اعتصام رابعة تذكرني دائماً بصفحة مشابهة – أكثر سواداً – في تاريخ النظام الصيني – أحد الحلفاء الأكثر وقاحة للمستبدين – ففي العام 1989 شهد ميدان "**تيان آن مين**" (السلام السماوي) مجزرة راح ضحيتها عشرات الآلاف من الصينيين المطالبين بالديموقراطية تحت جنازير المدرعات، في جريمة ضد الإنسانية تم التعتيم على تفاصيلها حتى اليوم. وفي الخامس من يونيو 2014 نشرت جريدة **المصري اليوم** عنوانه: "**الصينيون المتوحشون**" كشف عن جانب مما حدث في هذا اليوم الأسود. وحسب وثيقة أمريكية استند إليها الخبر فإن "**الجنود الذين جاءوا من عدة أقاليم صينية، كانوا يضحكون وهم يطلقون النار عشوائياً على المتظاهرين**

المؤيدين للديموقراطية". وأوضحت الوثيقة أن جنود الجيش الذين لا يتكلمون لهجة أهل بكين كانوا "**يضحكون ويطلقون النار عشوائياً على أي تجمعٌ كانوا يصادفونه!.**"

والمعنى هنا عميق وخطير... وتكمله معلومة لا تقل أهمية.

ففي العام 2007 زرت إقليم كردستان العراقي وأتيح لي الحوار مطولاً مع كثير من المثقفين، ومن هذه الحوارات حوار مع قيادي شيوعي كردي عن ظاهرة "**تريف المدينة**" وهي ظاهرة استخدمها صدام حسين بشكل مُخطَّط لخنق "**المدن**" وتذويب ثقافتها في جيوش من الريفيين، وحسب القيادي الشيوعي العراقي، فإن الحزب الشيوعي الصيني قام بعملية "**هندسة سكانية**" للمدن بنطاقات ضخمة من العشوائيات بهدف قتل الثقافة المدينية وتحويل المدن إلى قرى ضخمة، والسبب أن المطالبة ستخرج من المدن والمحضن الرئيس لها ثقافة المدينة.

وما حدث في الصين شبيه بما حدث في مصر:

هندسة سكانية من خلال عوامل طرد وجذب لخنق المدن.

فشل جزئي أدى إلى ظهور نخب مدينية كبيرة الحجم نسبياً.

ثورة في بكين (1989) والقاهرة 2011.

الحل عبر المجزرة في العاصمتين.

والوسيلة في الحالتين: استخدام أبناء الريف لقمع المدينة.

والمثير للحزن، في الحالتين، أصوات سبقت فض اعتصام رابعة تعبر عما أسميه: "**الشوق إلى تيان آن مين**"، وهو شوق غيبي شاذ إلى يومٍ تُسفَك فيه الدماء، وتقدَّم القرابين إلى "**الدولة**". ومن هنا تأتي أهمية الوقوف طويلاً أمام الاتهام بأن القتل في عملية الفض كان ممنهجاً ومُخطَّطاً سلفاً، وقد جاءت لحظة الحقيقة، في توقيت أقرب بكثير، من قدرة السلطة على حجب الحقيقة.

والأصوات النشاز التي تدعو للاحتفال بالمجزرة أو تهنيء الآخرين بها تعبر عن موقف عقائدي لا موقف سياسي، عن نزوع "**تطهيري**" (كاذب طبعاً) لا عن نزوع نحو تطبيق القانون أو فرض احترام النظام. وهذه الأصوات تبرر مقولاتها بفكرة هي أكثر بؤساً وأكثر إيغالاً في الخطيئة: "**هذه إرادة المصريين**"، وحقيقة الأمر أن هذه ليست إرادة المصريين ولا يوجد سند واحد دستوري أو قانوني يمكن به إثبات صحة ذلك، على الأقل في غياب برلمان منتخب.

ورغم هذا أجد ضرورة في مناقشة هذه الحجة الساقطة، ذلك أن المصريين، حتى لو أرادوا، وحتى لو صاغوا إرادتهم هذه في شكل إجرائي ما،

لا يحق لهم أن يطالبوا بإبادة قسم من المجتمع، فحق الحياة لا يخضع لرأي الأغلبية، وإرادة الأمة ليست مقدسة ولا مطلقة، وكذلك سيادة الدولة. ومن يقنعه هذا الهراء ليس حجة، ولن يكون حجة على الله، ولا على الأخلاق، ولا على الشرائع، ولا على الحقوق الأساسية، التي لا يجوز التصرف فيها.

و"**الشوق إلى تيان آن مين**" مرض ننصح المصابين به — بدل أن يحاولوا نشره بوصفه الحالة الفطرية للإنسان — أن يبحثوا عن علاج لضمائرهم ونفوسهم وقلوبهم.

رحم الله شهداء رابعة وغيرها رحمة واسعة .

مشروع السيد ياسين[16]

بعد قليل من فض اعتصام رابعة العدوية نشرت من خلال موقع **أمازون** الأمريكي كتاباً، كانت هناك ضرورة لنشره بأقرب وقت، الكتاب عنوانه: "**طريق مصر بعد 30 يونيو**" وتنبأت فيه بأن تشهد مصر صراعاً إسلامياً علمانياً ضارياً، هو أخطر وأوسع نطاقاً من الصراع السياسي المباشر الذي أعقب عزل الرئيس المنتخب الدكتور محمد مرسي.

وفي لقاء تلفزيوني قبل أيام قلت بوضوح إن اختيار "**العلماني المتشدد**" جابر عصفور وزيراً للثقافة، هو طلقة البداية في حرب ثقافية ستشهدها مصر. وعصفور لم يتأخر كثيراً في بدء الحرب فدخل في تلاسن فيه قدر كبير من التبجح مع الأزهر، ثم أسفر بشكل أكبر عن ما يريده بتكليف الكاتب "**المسن**" السيد ياسين بوضع وثيقة تحدد ملامح السياسة الثقافية

([16]) نشر في الأحد 10 أغسطس 2014.

لمصر، وهو فضلاً عن البعد الجيلي، أحد المدافعين الشرسين عن **"الفكر الوضعي"** – بكتابات تتسم بالضحالة والسطحية – يعد أحد نماذج "الفرنكفونية السلفية!"

وعلى صفحات **الأهرام** نشر السيد ياسين "**شيئاً ما**" المفترض أنه مقترح السياسة الثقافية لمصر، وهو شيء لا أستطيع أن أتعامل معه، لا بوصفه مقالاً، ولا ورقة عمل، ولا حتى "**رسالة إلى بريد الأهرام**"!

وقبل الشيء الذي كتبه السيد ياسين بضعة سطور تقول: "قرر المجلس الأعلى للثقافة برئاسة الدكتور جابر عصفور وزير الثقافة تكليف الأستاذ "السيد يسين" بإعداد ورقة عن رؤية لسياسة ثقافية مقترحة. وقد قرر السيد الوزير تشكيل لجنة لمناقشة الورقة بعد الانتهاء من صياغتها وهي مكونة من السادة: الدكتور "محمد عفيفي"، والدكتور "فوزى فهمي"، والدكتور "نبيل علي"، والأستاذ "محمد سلماوى"، والدكتور "أحمد شوقي"، والأستاذ "صلاح عيسى"، والدكتورة "ليلى تكلا"، والدكتور "محمد حافظ دياب"، واللواء "أبو بكر الجندي"، رئيس جهاز التعبئة العامة والإحصاء، والأستاذ "جمال غيطاس"، والدكتور "سعيد المصري"، والدكتور "طارق النعمان"، على أن يكون الأستاذ "السيد يسين، مقرر اللجنة."

ومعظم الواردة أسماؤهم لا صلة لهم بالثقافة لا من قريب ولا من بعيد.

وحسب المنشور في **الأهرام**، فإن الشيئ الذي كتبه ياسين اعتمد على "**خبرات نظرية وعملية فى مجال تقييم السياسات الثقافية**"، وجميع ما هو مذكور بعد ذلك 4 كتب، 3 منها ألفها أو شارك فيها السيد ياسين....

آه والله!

ورغم أن الثقافة واحدة من أكثر الكلمات في تاريخ اللغة التي كانت موضوع خلاف واسع جداً حول معناها أصلاً، فإن المفكر الكبير اختار لها تعريفاً مادياً يفصلها كل ما هو متجاوز للمادة، فالثقافة هي مرادف "**لكل ما هو إنساني**"ـ ثم أضاف أنها "**الكل المركب الذي يضم أنماط السلوك المشترك السائد فى مجتمع ما، بشقيها المادي والمعنوي، مع التركيز على الجوانب اللامادية**"، وهو استخدام مراوغ لتعبير هدفه فصل "**السماوي**" عن "**الأرضي**". فأحد معانيها – حسب ياسين – أنها "**القيمة التى يضفيها الإنسان على حياته، فيكسبها معنى ودلالة، بمعنى التركيز على نوعية الحياة، فالثقافة بهذا المعنى تشير إلى رؤية الإنسان للعالم، ونوع الأساليب التى يتبعها لكي يُكسِب حياته معنى، ويحقق آماله وتطلعاته**".

وجميع أي كل حاجة من الحاجات دي الإنسان هو اللي بيعمله!

ورغم أن المثقفين الحقيقيين – حتى في العالم الثالث الذي أصبحنا وراءه بعشرات السنين – يرفضون الهيمنة الأيديولوجية على الثقافة، وبخاصة هيمنة الدولة، فإن العبقري اللوذعي يعرِّف السياسة الثقافية بأنها: **"توجهات الدولة الإيديولوجية، معبراً عنها في مجمل القرارات والتدابير والبرامج والأنشطة والأفعال – بما فى ذلك الامتناع عن الفعل – التي توجّـه إلى الجوانب الثقافية اللا مادية في المجتمع: المعتقدات، الفكر، الرأي، الفن، الأدب، القيم، العادات، التقاليد، الذوق العام، القدرات الإنسانية، وبخاصة القدرة الإبداعية، القدرة على التذوق الفني، القدرة على التفكير العلمي، بهدف تحقيق أهداف وغايات تتفق وتوجهات الدولة الأيديولوجية."**

يعني حتى المعتقدات تحددها أيديولوجية الدولة.....

والله أنتم من يصنع الدواعش ويمنحها أسباب الحياة!

وفي هجوم بربري كاسح يتباكى الكاتب المسن على ما طرأ على المجتمع من تردٍ جيلي، يرفضه أشد الرفض، منتقداً شعار: "**تسقط دولة العواجيز**"، وهو شعار يضع ياسين وغيره من أمثاله أمام حقيقة أن جيلاً – ينتمي هو إليه – لم يقدم للثقافة العربية شيئاً يذكر، وتحالف مع نظام مستبد منحه بـ "**الأمر المباشر**"، مكانةً ومكاناً، يريد أن يأخذها معه إلى القبر!

والقصة من أولها إلى آخر مسرحية سوداوية لسلطة تعيد إنتاج الفقر الثقافي وتختار لذلك كاتباً يرى الدنيا – بالضبط – كما كان يراها إقطاعيو القرون الوسطى ويحلم بأن يحتكر **"النبالة"** ويورثها كما كان نبلاء العصور الوسطى، فيما خطابه دفاع لا نصيب له من المصداقية عن العقلانية والحرية و......

لكنها عقلانية من يشعرون بأنهم **"خُلِقوا ليكونوا سادة"**، يملكون الحق في الإملاء وتحديد المسارات للمحكومين، الذين خلقوا ليكونوا محكومين!!

ولا مفر من أن أقول للمفكر الكبير .... (غضب من غضب ورضي من رضي):

"تسقط دولة العواجيز".

مستقبلنا الكوري.. شمالي أم جنوبي؟!(17)

في ديسمبر 2013 انتهت علاقتي بجريدة "**الوطن**" ككاتب مقال رأي، وكان هذا آخر مقال أرسلته ولم ينشر. واليوم آن أوان نشره بعد ما نشرته "**الشروق**" المصرية من مساعٍ لتعديل الدستور الذي لم يمر على تعديله سوى أشهر. والهدف حسب الجريدة "**تعزيز صلاحيات الرئيس**".... ما جعل السؤال الوارد في عنوان المقال أكثر إلحاحاً.

وهذا نص المقال.

....

بقدر قناعتي بأن النهوض لا يمكن استنساخه مهما تشابهت الأمم في طبيعة التحديات، لكن التاريخ أيضاً – في الخطوط العريضة – ينطوي على عِبَر هي "**سنن كونية**" لا محاباة فيها، ولا تنكسر قواعدها أمام إخلاص

---

(17) نشر في السبت 30 أغسطس 2014.م

متدين ولا أمام حماسة وطني، فالمقدمات تؤدي إلى نتائجها في "**عالم الأسباب**" على يد المؤمن والكافر، وتلك من أمارات رحمة الله بعباده، إذ لم يحرم كافراً من ثمرة عمله الدنيوي، ولم يجعل الكون مسخراً للمطيعين دون العصاة.

وقد شهدت مصر عقب ثورة الخامس والعشرين من يناير مزاد توقعات تم فيه استحضار عدد كبير من النماذج التي يرى البعض أن بلادنا مرشحة لأن تتطور وفقاً للمتتالية التي بعبر عنها، وبطبيعة الحال اختلط التمني بالتوقع بالتحذير، بين: نموذج تركي، وأخر ماليزي، وثالث باكستاني، ورابع طالباني و!!!!!.....

والنموذج الذي أرى أنه أكثر إثارة للخيال السياسي، وبخاصة بعد الثلاثين من يونيو، هو النموذج الكوري بوجيهه: الشمالي والجنوبي!

فبعد عقود من الاستعمار الياباني وسنوات من حرب مدمرة مع جارتها الشمالية، أصبحت كوريا الحنوبية، بحلول القرن الحادي والعشرين، قوة عالمية هي ثمرة واحدة من أنجح قصص التنمية في العالم. كوريا التي استقلت عام 1945 أصبحت مسرحًا للصراع بين المعسكرين الغربي والشرقي، وهكذا تم تقسيم كوريا إلى دولتين. وفي 1948 انتخب أول رئيس كوري جنوبي (سينغمان ري)، وآنذاك كانت كوريا الجنوبية واحدة من أفقر دول العالم؛ بمتوسط لدخل الفرد لا يتعدى 80 دولاراً سنوياً. وبعد التقسيم ساءت الحالة

الاقتصادية أكثر وجاءت الحرب الكورية سنوات 1950 – 1953، لتُلحق دمارًا واسعًا بكل شيء تقريباً، ويكفي أن نعرف أن فاتورة هذه الحرب قُدِّرت بـ 69 مليار دولار (أي 5 أضعاف الناتج الإجمالي للدولة. ومع انتهاء الحرب، تراجع دخل الفرد إلى 50 دولارًا سنويًا، وأصبحت تعيش – بشكل تام – على المساعدات.

في 1971 تولى الجنرال بارك تشونغ الحكم بانقلاب عسكري ومنح الاقتصاد الأولوية، وكان من التوجهات المهمة لرؤيته الاقتصادية توجيه الاقتصاد نحو "**التصدير**"، فأخرج كوريا الجنوبية بذلك من حفرة "**إحلال الواردات**"، وبالمناسبة فإن "**إحلال الواردات**" تكاد تكون "**عاهة اقتصادية مصرية مستديمة**!!"

وبدلاً من أن تمارس الدولة دورها عن طريق الوسيلة الأكثر بؤساً: "**الدعم**"، قامت بجهد جبار لدعم القطاع الصناعي، فرفع الصوت الدائم بدور الدولة في حماية محدودي الدخل بالطريقة إياها، أنهك الدولة وزاد عدد الفقراء .... وخدعهم!

والأكثر مدعاة للدهشة في التجربة أن كوريا الجنوبية تعاني ندرة في الموارد الطبيعية وشحاً في المساحة ورأس المال معاً، وبالتوجه إلى البشر تم رفع نسبة الإنفاق على التعليم من 2.5 % مطلع الخمسينات إلى أكثر من 20 % في الثمانينيات.

وقد وصلت كوريا الجنوبية إلى محطة "**انتخاب رئيس**" لأول مرة في 1987، وأنضجت التحول الديموقراطي الذي ما زال منقوصاً في ظل تحديات كبيرة أهمها صراعها الساخن /البارد مع كوريا الشمالية، وهو ما لم يكن يوماً "**حجة**" يستخدمها أي حاكم لمنع الديموقراطية، كما حدث في مصر طوال عقود، فضلاً عن وجود عسكري أمريكي بعشرات الآلاف من الجنود على أرضها. ولو قررت التفرغ لصراعها التاريخي – كما حاول بعض المستبدين العرب أن يوهموا شعوبهم لعقود – لكان مصيرها كمصير جارتها الشمالية.

وهذا الوجه الآخر للعملة الكورية "**الشمالية**" هو ما يجعل الدرس مفيداً لنا ولمستقبلنا جداً، فالتحالف مع الاستبداد: موسكو ثم بكين، ساهم في "**اقتياد**" كوريا الشمالية إلى حال هو أقرب إلى "**الجنون الوطني**"، فالدولة مسلحة حتى أسنانها معسكرة من الألف إلى الياء، قمعية إلى حد معاقبة أحد مواطنيها بالسجن لأن حزنه على وفاة "**الرئيس المعبود**" (وهذا أحد ألقابه الرسمية) لم يكن كافياً!

وأما الوضع الاقتصادي لهذه الدولة التي قرر حكامها أن مواجهة أمريكا "**صك براءة**" من أية خطايا ترتكبها السلطة في حق المحكومين، أما هؤلاء المحكومون فوصلوا – حرفياً – إلى درجة الجوع التي تلجيء صاحبها إلى أكل لحوم البشر... لكن الطبيعة المغلقة للنظام تمكّنه من إخفاء كل شيء

تحت ستار كثيف من "**التعتيم الوطني**" الذي أصبح ماركة كورية شمالية مسجلة!

والأمم في الأزمات ينتازعها الخوف والأمل، وفي الحالة الكورية الجنوبية تحكم فيها الأمل أكثر من الخوف، وفي الحالة الكورية الشمالية، انتصر الخوف على الأمل، ومع انتصاره دخلت البلاد نفقاً مظلماً – لم تخرج منه حتى اليوم.

وبعض ما أصادفه من عبارات استحسان لـ "**الصمود الكوري الشمالي**"، عندما أضعه إلى جانب شواهد أخرى مماثلة: اقتصادية، وثقافية، وسياسية، أستشعر الخوف من احتمال أن نكون – حتى هذه اللحظة – بين "**مسارين كوريين**" وأن هناك من لا يمانع في دفع مصر باتجاه المسار الكوري الشمالي، عبر التأكيد المبالغ فيه على خلطة مدمرة يعرف كل قارىء للتاريخ الحديث أنها دمرت أمماً، فمعجم مفردات: المؤامرة، والحاجة إلى زعيم قوي، وتأسيس السياسة أولاً على الإرادة، والتلويح الدائم بفزاعة الأمن القومي، والمواجهة مع المشروع الأمريكي، وحتمية استمرار دول دولة الوصاية والرعاية و.....كل هذه أشباح تهدد بأن يكون مصيرنا مصير كوريا الشمالية...

ربيعنا العربي بين دولتين: فيدرالية ومركزية![18]

قد يكون من المفيد – وبخاصة في ظل إعلام غسيل المخ المسلط على شعوبنا – أن نبتعد قليلاً عن الثنائيات التي أصبحت تقيد رؤيتنا للربيع العربي، ميلاداً ومساراً ومصيراً، فهذا **"الربيع العربي"**، في الحقيقة، لم يبدأ بثورة تونس (2010)، كما أن من الخطأ اختصاره في صراع بين: العسكر والإخوان، ولا بين الإسلاميين والعلمانيين، بل صراع بين البنى الجماعية المغلقة القامعة ذات الثقافة المحافظة، وبين الفرد المبدع الفعال الذي ما زال في كل زوايا الواقع العربي **"الأغلبية غير المنظمة"**. ولأن المعسكر المتمحور حول البنى المغلقة القامعة، يتصف بقدر أكبر من التماسك والواقعية، فإنه كان قادراً على شن هجوم **"الثورة المضادة"** بنجاح حتى الآن!

---

[18] نشر في الإثنين 25 أغسطس 2014.

والربيع العربي من الناحية التاريخية بدأ – ربما – بمجرد توقيع اتفاقية أوسلو (1993) لينتهي بذلك المبرر الوحيد لاستمرار أنظمة الحكم التي أطاح الربيع العربي بعضاً منها، وأعني بذلك الدور **"المنحط"** الذي قام به النظام الرسمي العربي الذي ولد عقب الحرب العالمية الثانية: الوساطة بين الغرب والشعوب التي يحكمها عبر تخويف الغرب من الشعوب، ثم قمع هذه الشعوب لحسابه، ثم اصطناع ظواهر أكثر تطرفاً وعنفاً، ليظل الغرب مقتنعاً بجدوى – بل – حتمية التحالف معهم والاعتماد عليهم.

وقد كانت القضية الفلسطينية الورقة الأكثر ربحاً في **"تجارة العار"** التي استمد منها هذا النظام أكثر مبررات وجوده أهمية، وقد كان دور هذه الأنظمة تمكين الغرب من إبقاء القضية موضوع **"تسويف لانهائي"**، بينما الصهاينة يغيرون الواقع على الأرض، وقد تكرر عدة مرات أن تلقَّى حكام عرب تهديدات أمريكية لا شبهة فيها في حال تم اللجوء إلى الأمم المتحدة لحل القضية الفلسطينية، حيث كان **"التفاوض المباشر"** بالشكل الذي استمر عقوداً، أحد أهم الخدمات التي قدمتها هذه الأنظمة للغرب.

وفي العام 1994 بدأت أصوات في الغرب تتحدث عن أن أوسلو **"شهادة وفاة"** للنظام الرسمي العربي، وكان الأكثر إيلاماً لنظام مبارك آنذاك مقالات نشرها جيم هوجلاند عام 1994 دعا فيها بوضوح إلى أن تقوم أمريكا بتغيير الأنظمة في الشرق الأوسط لأنها فقدت مبرر وجودها. وكان رد الفعل

المصري آنذاك إثارة ضجة مفتعلة شهيرة حول معاهدة الانتشار النووي وتم خداع الناس عن حقيقة المعاهدة تجدد تلقائياً، وأن مصر ليست مدعوة لتجديد التزامها بها، وأن عليها – في حال تغيَّر موقفها – أن تنسحب من الاتفاقية!

ووصلت الرسالة إلى المرسل إليه!!

وخلال السنوات التي تلت هذا التحول كان الغرب مستمراً في دعم النظام الرسمي العربي، وكان هذا النظام مستمراً في التخلص من كل من يمكن أن يشكل تهديداً له، حتى أطاح الأمريكيون بنظام صدام حسين (2003)، وثمة من يعتبر ذلك البداية الحقيقية لـ "**الربيع العربي**"، وقد يكون ذلك صحيحاً. والأهم في ما شهده العراق قبل إطاحة نظام صدام حسين أن اهتماماً واسعاً كانت تشهده الدوائر البحثية والأكاديمية في أمريكا كان محوره: القضاء على "**دولة محمد علي**"، وكان "**النموذج العثماني**"، مما تم دراسته كبديل.

وقد وصلت الرسالة إلى المرسل إليه!

وقد شهدت هذه السنوات بذل جهود عربية جبارة لمنع نشر الديموقراطية في العراق، خوفاً من انتشارها عربياً، وهي جهود شارك فيها الباشمهندس محمد حسنين هيكل بدور ملموس، وهو نصح الرئيس العراقي

جلال طالباني في أول لقاء بينهما في منزل هيكل بألا يتحدث عن **"نشر الديموقراطية عربياً"** حتى لا يغضب الحكام العرب!!

آه والله!!............

المهم أن الرئيس الأمريكي جورج بوش الإبن ارتكب خطأ فادحاً عندما استجاب لضغوط أطراف إقليمية وعراقية لتبني نظام سياسي كان يحمل بذور فشله: دولة مركزية (من حيث علاقة المركز بالأطراف) وحق المحافظات – وفق ضوابط معينة – في إنشاء أقاليم، وهو ما كانت ثمرته المسخرة الدائرة في العراق.!

ومن المفارقات أن الرجل الذي حذر بقوة من خطورة هذا الاختيار هو السيناتور جو بايدن (الآن هو نائب الرئيس الأمريكي). وقد أصبح تقريباً المسئول الرئيس عن الملف العراقي في الإدارة الأمريكية – وفي وقت أثمرت فيه الصيغة التي كان يرفضها كوارث مدمرة – وهو الآن يمهد لإصلاح خطأ عمره من عمر النظام السياسي القائم في العراق.

بايدن يرى أن على الولايات المتحدة تدعم نظاماً فدرالياً في العراق، كوسيلة لتجاوز الانقسامات في العراق. وهو في مقال قبل أيام في **الواشنطون بوست** أعاد ما طرحه قبل سنوات: تقسيم العراق إلى ثلاث مناطق تتمتع بحكم ذاتي لـ : الشيعة، والسنة، والأكراد.

وكتب نائب الرئيس الأميركي أن خطة من هذا القبيل: "**ستؤمن تقاسماً عادلاً للعائدات بين كل الأقاليم، وتسمح بإقامة بنى أمنية متمركزة محلياً مثل حرس وطني لحماية السكان في المدن، ومنع تمدُّد الدولة الإسلامية، وفي الوقت نفسه (تضمن) حماية وحدة وسلامة أراضي العراق**". وأضاف بايدن أن "**الولايات المتحدة ستكون مستعدة لتقديم التأهيل وغيره من اشكال المساعدة بموجب الاتفاق الإطار الاستراتيجي للمساعدة على نجاح هذا النموذج.**"

وقد كانت إعادة هيكلة "**الدولة**" في المنطقة العربية في صلب مشروع "**الشرق الأوسط الكبير**" الذي طرحته الولايات المتحدة الأمريكية عام 2004، وأذكر أنني سمعت كاتباً ماركسياً معروفاً يتهكم على الهجوم غير المبرر الذي ملأ الخطابين السياسي والإعلامي آنذاك قائلاً:

"كيف يمكن أن نبرر للعالم هذا الهجوم الكاسح على مشروع "الشرق الأوسط الكبير" وهو يضم كل ما كنا نطالب به كمعارضين طوال ما يقرب من عشرين سنة".

إن الأزمة هي في الدولة العربية نفسها وليست في النظم السياسية، ومن يقودون الثورة المضادة يعرفون هذا جيداً، ولهذا السبب يخدعون

البسطاء بشكل غير مسبوق مؤكدين دائماً أن ما يحدث هو: **"مؤامرة على الدولة"**.

وراجع ما يحفل به الخطاب السياسي للتحالف العسكري الأمني في مصر منذ الثالث من يوليو 2013 تدرك حقيقة المعركة.....

المطلوب الحفاظ على **"الدولة المركزية"** حتى لو انتهى الأمر بفشل كالذي شهدته الصين بسبب خوف مساعدي ماو من مصارحته بالحقيقة، فمع الإرهاب الفكري والإعلامي الذي تشهده مصر منذ الثالث من يوليو، لا يكاد أكاديمي ولا باحث يقدر على إبداء رأيه الحقيقي في هذه الصيغة من التنظيم السياسي التي لولاها لما شهدت بلادنا هذا القدر المهول من الفشل الاقتصادي والفساد والعنف والانحلال الأخلاقي و.....

يا سادة .... أياً كانت اللافتة..... تعدُّد مراكز القوة والسلطة في المجتمع ضرورة .

فرصة العلمانيين "التاريخية!"(19)

على طريقة "**وداوني بالتي كانت هي الداء**"، تبحث أطراف محلية ودولية عن "**فرصة سانحة**" أمام العلمانيين العرب في الأزمة الإقليمية الكبيرة التي يشهدها العالم العربي بعد مدّ "**الثورة المضادة**" الذي تشهده دول "**الربيع العربي**"، وكأن الإسلاميين هم من أدى فشلهم خلال أكثر من نصف قرن من الحكم إلى الثورة وتالياً الثورة المضادة.

ومن نماذج هذا الخطاب تقرير نشرته **الدويتش فيلله** يبحث عن "**الفرصة التاريخية للعلمانيين**". التقرير يحاول التبشير بمستقبل "**علماني**" مزدهر مبرره الوحيد "**فشل الإسلاميين**"، وكأن العلمانيين العرب، خلال عقود مضت، تتجاوز نصف القرن كانوا – فقط – في انتظار فشل الإسلاميين حتى ينجحوا!

---

(19) نشر في الأربعاء 24 سبتمبر 2014.

والحديث عما يمكن تسميته "**فشل الإسلاميين**" فيه تجاوز كبير، ففي التجربة المصرية مثلاً، انتخب المصريون برلماناً أغلبيته من الإسلاميين تم حله بعد عدة أشهر، وانتخبوا رئيساً إخوانياً، تم عزله في الذكرى الأولى لانتخابه، وأصبحت هذه تجربة توصف بالفاشلة .... بينما مبارك – مثلاً – الذي حكم ثلاثين عاماً انتهت بفشل شامل، ما زال هناك من يرى وجهاً – بل وجوهاً – للنجاح في تجربته.

التقرير يتحدث عن اصطدام مرير حدث في مصر بين المؤسسة العسكرية والقوى الليبرالية والعلمانية من جهة والإخوان المسلمين من جهة أخرى، ويضيف إليه: "**الاقتتال الطائفي في بلدان شرق أوسطية عديدة**"، وكيف أن ذلك: "**يكشف إلى أي مدى يمكن أن يكتسي استخدام الدين في السياسة خطورة**". أستاذ التاريخ السياسي المعاصر بالجامعة التونسية، الدكتور عبد اللطيف الحناشي يعتبر الصراع الطائفي غريباً عن الفترة المصاحبة لتشكيل هذه الدولة المعروفة كذلك بـ "**الدولة الوطنية**"، معتبراً أنه، حتى فكرة الإسلام السياسي لم تطرح في بداياتها أي شعارات طائفية، متوقعاً أن يظهر "**الإسلام السياسي**" بصيغ وأفكار جديدة.

الباحث المغربي محمد طيفوري في **المركز العلمي العربي للدراسات والأبحاث الإنسانية** يرى أن "**الإيديولوجيا التي تحكم الجماعات الطائفية المتقاتلة فيما بينها، تقوم على عقيدة إقصاء المخالف وإلغاء وجوده**

كليًا". وهو يعزو أسباب انتشار الصراع الطائفي وتفاقمه بالمنطقة في الآونة الأخيرة، إلى "**إحساس بعض الجهات بتهديدات برامجهم ومخططاتهم من لدن الإسلام السياسي الذي حقّق نتائج مهمة في انتخابات ما بعد موجات "الربيع العربي"، زيادة على حدة التقاربات الدولية في منطقة الشرق الأوسط، التي تزيد من تأجيج الاقتتال الطائفي، وهي التقاربات التي جعلت من الطائفية سلاحاً لها**".

المفكر القومي عزمي بشارة في المقابل يرى أن الطائفية ازدهرت في العالم العربي بسبب عوامل داخلية أكثر منها خارجية، بسبب "**فشل مسار الدولة القائمة على المواطنة، وبسبب الاستبداد الذي استخدم الإيديولوجية السياسية القومية لخدمة مشروعة السياسي، وجعل الانتماء للدولة رهينًا للطائفة أو العشيرة أو الولاء للسلطان**".

في المقابل، اختار كاتب التقرير، الذي كان يفترض أن يتعامل بقدر من الحياد يعكسه عنوان الموضوع، اختار أن يستعير فقرة من كاتب علماني اسمه "**أحمد عصيد**" على موقع يسمى "**كود**" ليجعل رأيه عنوان الموضوع، فهو دعا إلى أن يقبل المسلمون ما رفضوه خلال قرن من الزمان: العلمانية.

وما يرفضه المسلمون هو الصيغة الأوروبية للعلاقة بين: "**الدين**" و"**المجال العام**" (السياسي والثقافي والاجتماعي)، استناداً إلى حقيقة أنها

صيغة تتضمن عدواناً على دور للدين في المجال العام لا يمكن قبول القواعد المستمدة من التجربة الأوروبية، لاستنادها إلى منطق "**إقصائي**" في التعامل مع الدين. ومن الناحيتين: المعرفية والتاريخية معاً، عرف تاريخ الغرب نفسه زاوية نظر مختلفة في التعامل مع علاقة الدين بالمجال العام، وهي التجربة الإنجلوسكسونية التي كان للدين فيها دائماً دور إيجابي وفاعل في المجال العام.

وبعيداً عن كل هذا النقاش النظري، فإن هذا التقرير وأمثاله يعكس حالة يأس من إمكانية أن يملأ العلمانيون الفراغ، وإلا فإن الفرصة التاريخية لا يمكن أن تكون في الفوز في مباراة يتم فيها إخراج الفريق المنافس من الملعب!!

والشيء الوحيد التاريخي في هذا الخطاب هو اعترافه بأن الخيار الذي تبنته نخب حاكمة محلية وحاولت تسويقه لما يزيد على قرن من الزمان – بدعم أوروبي سخي – ما زال يعيش في "**حضانة للأطفال ناقصي النمو**"، ويقيناً لا يعني هذا أن ما لدى الإسلاميين من اجتهادات يمكنه حل الإشكال التاريخي في بناء الدولة أو إدارتها، لكنه – في الحد الأدنى – شهادة بأن القوى العلمانية في العالم العربي فشلت في الحصول على تفويض سياسي من الشارع، والرعاية الرسمية لها في دول عربية عديدة لم تمنحها ما كانت تتمنى الحصول عليه من مصداقية، وبالتالي فإن ما بقي لها هو أن تتنظر "**الفرصة التاريخية**".

والجديد أن هذه الفرصة بالنسبة لها لا تعني سوى الخروج من "**ورطة منافسة الإسلاميين**"، إما بأن يفشل الإسلاميون ... أو بأن يتم إقصاؤهم!

دلالة أننا نكره الإجراءات([20])

قبل أشهر أصدرت وزارة الأوقاف الكويتية كتابي: **"قبسات من حضارة التوحيد والرحمة"** (والعنوان من اختيار اللجنة المشرفة على السلسلة وكان العنوان الذي وضعته أنا **"ماذا أعطى الإسلام للبشرية؟"**) وهو أول ما نشر حتى الآن من مشروعي الفكري. الأطروحة الرئيسة في الكتاب التي تشكل نواة مشروعي (إلى جانب تعريف جديد اقترحته في الكتاب لمصطلح: **"الحضارة"**) وعرفته بأنه: **"كل تصوُّر (وضمن ذلك الأديان والأيديولوجيات) يحاول تنظيم العلاقة بين ثلاثة قيم: الحق – الحرية – النظام"**.

وتنظيم العلاقة بين هذه القيم الثلاث ينتج كل ألوان الطيف التي عرفها التاريخ البشري من أشكال التنظيم السياسي وكذلك الرؤى الثقافية، فمثلاً، إنكار الحقيقة المطلقة (وبخاصة الأديان)، أدى إلى متتالية: تبدأ بالربوبية، مرورًا بالإلحاد، وصولاً إلى العدمية الشاملة. والانحياز إلى الحرية على

([20]) نشر في الثلاثاء 16 سبتمبر 2014.

حساب النظام أنتج طيفاً واسعاً من الظواهر التحررية، وصولاً إلى الفوضوية (والإباحية)، والانحياز إلى النظام على حساب الحرية، أنتج طيفاً واسعاً من النظم الشمولية القومية والوطنية والأيديولوجية ...... وهكذا.

لكن الأمر له وجوه أخرى تتصل بما يمكن أن تكشف عنه قراءة جوانب من الواقع المصري بناء هذه الأداة التحليلية (العلاقة بين: الحق، والحرية، والنظام). ولا بأس هنا من إيراد نص قصة ساخرة لطيفة جداً تلخص العلاقة بين الحاكم والمحكوم في مصر.

تدور القصة حول قرد تعرض للاضطهاد على يد نمر، كان النمر يوقفه من آن لآخر ويضربه بعد أن يسأله سؤالاً خنفشارياً: "**مش لابس الطاقية ليه؟**" وطبعاً لم يكن القرد يملك رداً لأنه أصلاً لا توجد "**طاقية!.**"

ذهب القرد إلى الأسد معلناً أنه سوف "**يهاجر**" من الغابة لأن النمر يضطهده، سمع الأسد من القرد الحكاية، وأكد له أن الغابة هي واحة عدل وأنه من الآن آمن. وأرسل الأسد إلى النمر ووبّخه على غبائه، وقال له: ابحث عن مبرر منطقي لكي تضربه، فلما رأى على وجهه ابتسامة بلهاء قال له موضحاً: مثلاً ... اطلب منه أن يصعد إلى النخلة ليأتيك ببلح، فإذا أتى ببلح أحمر فاضربه لأنك تريد بلحاً أصفر، وإذا فعل العكس اضربه وقل له إن تريد النوع الآخر من البلح. وحانت ساعة الحقيقة عندما التقى الغريمان. النمر نادى على القرد وأشار إلى مجموعة من أشجار النخيل وأمره أن يأتيه ببلح، فسأله القرد:

"أحمر ولا أصفر" فانهال النمر عليه ضرباً وهو يصرخ بهستيرية: "**مش لابس الطاقية ليه**"؟

والأنظمة السياسية الغبية محدودة الكفاءة أول من يزرع في الشعوب كراهية قيمة التنظيم والنظام، فهذه القيمة في شقها السياسي تتحول إلى إجراءات ومواقف قانونية ثابتة، للحاكم فيها سلطة محددة، وخاضعة للمساءلة، وللمحكوم حقوق أساسية، لا يجوز العدوان عليها من المحكوم. لكن الاحتكام إلى هذه "**الإجراءات**" يحرم "**النمور الغبية المتسلطة**" من صفع القرود، ولهذا السبب وغيره تظهر الدعوات إلى قتل المعارضين السياسيين (أحدهم اقترح أفران الغاز)، وإسقاط الجنسية عنهم، وحبسهم حبساً احتياطياً حبساً أبدياً .... إلى آخر الأفكار العبقرية التي هي في الحقيقة ترجمة للسؤال الخنفشاري الذي تفتقت عنه عبقرية النمر:

"مش لابس الطاقية ليه؟"؟

والمرض ليس مرض السلطة وحدها بل يعاني المجتمع المصري مرض كراهية الإجراءات (وهي ترجمة لكراهية قيمة النظام)، أحد أنماط كراهية الإجراءات قناعة البعض، وبخاصة من قليلي الثقافة والعلم الشاعرين بالتهميش، أن انتهاك قواعد النظام دليل قوة فهو عندما يتصرف بما يخالف ما هو مفروض يشعر بحالة من الرضا الزائف عن النفس. ومن أنماطه أيضاً كراهية الإجراءات بسبب الزحام والشعور بالندرة، فسلوك الناس في التعامل

مع المواصلات العامة – مثلاً – يتصف بقدر من مراعاة النظام في حده الأدنى، ما لم يكن هناك زحام يوقظ في كل منهم أكثر أشكال السلوك الغريزي خشونة، ومع تكرار التجربة تصبح أقرب إلى العلاقة الآلية بين المثير والاستجابة، والفارق هنا بين دولة متقدمة ودولة متخلفة لا يكفي لاختفائه صرامة السلطة في تنفيذ القانون، بل يكمن أيضاً في شعور عميق بأن "**المعروض**" أقل من "**المطلوب**"، وبالتالي يصبح أي تفكير في الإجراءات كمؤشر على احترام قيمة النظام، نوعاً من العبث.

ومن يكرهون الإجراءات عندما أصبحوا أحد أهم منتجي الخطاب الإعلامي، بعد الثالث من يوليو، أصبح "**التفويض**" الذي حُشِد له، بلا إجراءات، يشكل في نظرهم مرجعية لا تقبل النقاش، ثم دعا البعض إلى تنصيب السيسي رئيسًا دون انتخابات، فلما انتخب دعا بعضهم إلى العدول عن انتخاب البرلمان، فالمصابون بمرض كراهية الإجراءات – من "**عفاريت الأسفلت**" إلى منظري الثالث من يوليو – يريدون قراراً واحدًا وسلطة واحدة، بالمخالفة لكل ما تعلمه البشر في التاريخ الحديث من خبرات، تؤكد أن توزُّع السلطة بين مراكز متعددة يسهم في ترشيد القرار، وهؤلاء يجمعهم مع أبناء عمومتهم أبطال "**مونديال سحل الخارجين عن القانون**" الذي تكـرَّر في محافظات عديدة مؤخراً: الضيق الشديد بالإجراءات والقوانين.

والسحل يبدأ حوادث ثم ينضج فيصبح "**ظاهرة سياسية**".

مولد سيدي فلاديمير بوتيـن![21]

أتعمَّـد من آن إلى آخر العودة إلى المكتبة قبل كتابة مقالي، وبخاصة مع غلبة شديدة للكتابات السيارة الخفيفة والمستخفة بالقارئ، وهي كتابات ساهمت في ظهور متلقٍّ يبحث عن الانطباعات والأحكام الجزافية التي تريحه من عناء التفكير، هذا فضلاً عن الأكاذيب الشفاهية التي ملأت خطابنا العام، من "**مؤامرة 25 يناير**" إلى "**أسر قائد الأسطول السادس الأمريكي**".

والكتاب الذي اخترت التوقف معه اليوم هو: "**أمن مصر القومي في عصر التحديات، لمحمد حافظ إسماعيل**"، وهو مهم من زوايا عدة:

---

(21) نشر في الأربعاء 8 أكتوبر 2014.

الأولى: أنه يبدد وهم "**الحليف الروسي**" الذي أصبح كثيرون يروجون لأكذوبة أنه "**فتح**" في علاقات مصر الدولية، واستعادة لعصر ذهبي لم يكن له وجود إلا في خيال بعض اليساريين المصريين.

والثانية: أنه يتضمن اعترافاً مهماً بما ينطوي عليه الحكم العسكري من مخاطر على الديموقراطية والحريات العامة. وهو – ثالثاً – مهم من زاوية شخص مؤلفه اللواء محمد حافظ إسماعيل، مدير مكتب القائد العام للقوات المسلحة من العام 1953 حتى العام 1960. ثم سفير مصر في: لندن، وروما، وباريس، وموسكو. مدير المخابرات عام 1970، ومستشار الأمن القومي لرئيس الجمهورية بين عامي 1971 و1974. ومقدمة الكتاب مؤرخة في فبراير 1987، أي قبل انهيار الاتحاد السوفيتي.

في الكتاب يصف حافظ إسماعيل تخوفات البعثة الدبلوماسية المصرية واشنطون عندما بلغهم نبأ انقلاب يوليو 1952 قائلاً: "**ولكن الغالبية من زملاء السفارة لم تكن تثق في إمكان ممارسة "قيادة عسكرية" للسلطة السياسية دون عدوان على الحريات العامة والديموقراطية، أو إحداث التغييرات الاقتصادية والاجتماعية دون قهر.**"

فما مصداقية ما يروجه دراويش الإعلام عن الحكم العسكري كـ "**حل وحيد**" لأزمة مصر مقابل هذه الشهادة، وهي شهادة محمد حافظ

إسماعيل، وكيف عجز هؤلاء وغيرهم عن إدراك ما كان إدراكه طبيعياً منتصف القرن الماضي ؟!

وفيما يتصل بـ "**مولد سيدي فلاديمير بوتين**" يكشف إسماعيل بلغة شديدة الوضوح حقيقة السياسة السوفيتية دون أكاذيب قائلاً: "**ومنذ عام 1943، زاد اهتمام السوفييت بمنطقة الشرق الأوسط، .... وفي فلسطين رأى الاتحاد السوفيتي الفرصة متاحة لإخراج بريطانيا من قاعدتها في واحدة من أهم المناطق حيوية بالنسبة له.**"

ويضيف: "**وعلى هذا، سمح الاتحاد السوفيتي بهجرة يهود روسيا وأيدوا قرار التقسيم، كما اعترفوا بإسرائيل فور إعلان الاستقلال، وسمحوا لتشيكوسلوفاكيا بإرسال الأسلحة إليها. وهكذا ففي المدى القصير أسهم السوفييت في إخراج بريطانيا من فلسطين، بينما خلقوا، على المدى الطويل، ظروف مشاركتهم في ترتيب أمور المنطقة.**"

وفي هذه العبارة حقائق يتم دائماً إخفاؤها عمدًا عن حقيقة موقف الاتحاد السوفيتي من إسرائيل.

ويتعرض حافظ إسماعيل بالتحليل والتقييم لجوانب مهمة من العلاقات المصرية السوفيتية قائلاً: "**ولقد كان أهم ما يميز التسليح السوفيتي أن "فكراً" واحداً يسيطر على الصناعة، .... وعلاوة على ذلك، كانت**

هذه الأسلحة تتميز ببساطة الصناعة وتجنُّب التعقيدات التكنولوجية، ثم بالصلابة التي تتواءم وخشونة استخدام الفلاح الروسي لها."

فهل يأتي يوم تشهد فيه المكتبة العربية دراسة عن علاقة "نمط التسليح" بالثقافة العامة السائدة، وما إذا كان هناك صلة بين "التسليح السوفييتي" و"التزييف السياسي"؟

وعن عوامل الفشل الكامنة في تحالف القاهرة موسكو يقول: "وقد يؤكد هذا المعنى ما تردَّد في ربيع 1956، خلال زيارة الرفيق خروتشوف لبريطانيا، حيث طرح على رئيس الوزراء البريطاني الاقتراح بمشاركة بلاده للقوى الغربية الثلاث في السيطرة على شحنات التسليح للشرق الأوسط، بينما كانت مصر تعزز قواتها للتصدي للسياسة التوسعية الإسرائيلية. ولقد رأى الكثيرون فيما عرضه خروتشوف التفسير الصحيح للسياسة السوفيتية .. وهي المشاركة في الهيمنة على الشرق الأوسط."

ويضيف: "ومع ذلك، كنا نريد أن يرقى الدعم السوفيتي لمصر إلى الدعم الغربي لإسرائيل. وأصبح تحقيق ذلك خلال العقدين التاليين هو المقياس الصحيح لمستوى الدعم العسكري السوفيتي. إلا أننا لم نكن نأخذ في الاعتبار أن العلاقات المصرية – السوفيتية لم تتجاوز أبداً مستوى معيناً، ولم تبلغ ما كانت عليه العلاقات بين إسرائيل والقوى الغربية.

فقد غاب الأساس الأيديولوجي للعلاقات المصرية – السوفيتية، وكان ذلك عاملاً حيوياً."

الموضوع إذن ورقة مساومة سوفيتية مع الغرب لا أكثر ولا أقل!!!

وبالتفصيل، يشرح حافظ إسماعيل ذلك قائلاً: **"كان القرار السوفيتي بتسليح مصر، عنصراً جديداً في السياسة الدولية السوفيتية، رأت فيه القوى الغربية محاولة لتمزيق "التوازن" الذي أقامته في الشرق الأوسط وضمنته من خلال إعلانها الثلاثي لعام 1950. ومع ذلك فإن الدراسة الموضوعية للصفقة التي لا تنبئ بأن السوفييت قد عملوا على تجاوز هدف تعزيز النظام المصري، وتمكينه من البقاء خارج الأحلاف وتحقيق التوازن مع إسرائيل. فلم تكن الأسلحة التي تعاقدت عليها مصر – باستثناء القاذفات الخفيفة – تمنحها التفوق الذي يمكّنها من تهديد أمن إسرائيل بصورة خطيرة!!!!!!!!!."**

ويستطرد: **"وربما كان الأخطر من وجهة نظر الغرب، هو ما قد يستخدمه السوفييت من تمزيق التوازن الهش بين المعسكرين دولياً. ..... فقفزة السوفييت بتسليح مصر تُمكّنهم من دفع نفوذهم في الشرق الأوسط....... .. كما أن الحركة السوفيتية تخلق "قاعدة للمساومة" مع**

الولايات المتحدة الأمريكية. ...... بل مشاركتها في توجيه السياسة المستقبلية للشرق الأوسط".

وفي النهاية .... يبقى أن نقول: لعن الله الأوهام والمتاجرين فيها.

استقالة محمد العريان(22)

استقال الخبير المالي العالمي محمد العريان موجِّهًا رسالة مهمة وعميقة لنا تكشف لنا جانبًا مظلمًا من الشخصية المصرية، بموقف لا تستسيغه ذائقة كثير منا لأننا بسبب قسوة الحياة اليومية أصبحنا لا نشعر إلا بالإيلام الذي قد يصل حد "**الوخز!**"

أعلن محمد العريان قبل أشهر عن قراره، فتحرك المخبر الموجود تحت جلد الكثيرين وامتلأت صحف بعينها بسيناريوهات زبالة عن مشروع سياسي يحرك الرجل، ومُخطَّط للقفز على أي شيء بأي باراشوت، وأعلن الرجل بوضوح، لسلطة مرعوبة وأجهزة أمنية لا ترى الناس إلا "**مرشدين**" أو "**مطاردين**"، أنه لا يفكر في أي دور سياسي!

---

(22) نشر في الأحد 28 سبتمبر 2014.

فلما تكشَّفت تفاصيل الاستقالة كانت التفاصيل تحمل رسالة إنسانية – هي في تقديري – أكثر إيلاماً من أي صرخة احتجاج سياسية، والرجل لم يقصد ذلك لكن الدرس، لمن يعي، يحمل الكثير من الدلالات المهمة لمستقبل المجتمع والسياسة معًا.

محمد العريان قال في استقالته: "**حاجتى لأن أكون أبا جيداً أكبر من رغبتى فى أن أكون مستثمراً جيداً**"، و"**مستثمر جيد**" تعبير فيه الكثير من التواضع، فالرجل ربح مائة مليون دولار في عام واحد، من منصبه كرئيس تنفيذى لشركة "**بيمكو**"، وهى أكبر شركة فى العالم لإدارة صناديق السندات، وتدير استثمارات تقدر بتريليوني دولار.

"**المؤامرة**" التي بحث عنها البعض – بحس أمني – وراء الاستقالة كانت قصة من عالم آخر تركناه منذ سنين لنعيش في هذا الجحيم السياسي والاجتماعي الذي لا يعلم إلا الله نهايته. والسبب أن ابنته كتبت له ملاحظة تبين أنه تخلَّف عن حضور 22 مناسبة مهمة فى حياتها..!!

وفى مقال بمطبوعة "**ورث**" المتخصصة في أمور المال والأعمال، فى يونيو الماضى، قال العريان (56 عاماً) إن ابنته قدمت له "**قائمة بالأحداث المهمة والأنشطة التى غبت عنها نتيجة لارتباطاتي في العمل**". ويعلق العريان: "**انتابني شعور مروع وبدأت فى الدفاع!!!!**"

تأمَّــل التعبير.

أب ينتابه شعور مروع لأن ابنته تشعر بافتقاده، تأمَّل، وقارن هذا بضابط يطلق الرصاص على مواطن فيقتله لسبب تافه، أو أمين شرطة يغتصب معاقة ذهنياً، أو مسئول يفوض ضباطاً صغاراً بقتل مئات البشر في ساعات، أو حاكم يضرب المدنيين من شعبه بالبراميل المتفجرة، أو.....

تأمَّـل، وحاول أن تفهم أنت دون أي تحليل أو وعظ، من أحد أياً كان ..... واسأل نفسك – وإن استطعت اسأل الآخرين – عن **"المتوسط العام"** الإنساني والثقافي السائد في مجتمعاتنا والمآلات التي تنتظرنا بسببه.

والأكثر أهمية أن الرجل يقول بعد أن ترك المنصب: **"اكتشفت أن أبا جيداً أهم من مستثمر جيد"**، وهذا التراتب بين **"المهم"** و**"الأهم"** في ثقافتنا لم يعد له وجود، وأصبحت القوة هي الهدف سواء كانت قوة المال أو قوة المنصب، وأصبح من يحوز أياً منهما يحاول – في معظم الحالات – أن يشتري الآخر.

وهذه الرسالة التي كان يفترض أن تحدث فينا هزة مجتمعية مرت مرور الكرام، بل ربما تعامل معها كثيرون بوصفها **"خبراً طريفاً"**، وهذا التبلد الذي أصاب حسنا المجتمعي **"والأخلاقي"** أصل من أصول الأزمة، فالانقسام الحاد في ثقافتنا بين **"حاكم"** و**"محكوم"** هو أسوأ ما كرَّسه حكم ضباط

يوليو الذين أزاحوا **"باشوات"** ليصبحوا هم **"سوبر باشاوات"** (على حد تعبير الراحل الكبير الدكتور حسين مؤنس) ومع مرور الزمن، تكرست أكثر فأكثر القناعة بأن **"المية ما تطلعش العالي"**، وأن المنصب والثروة هما مصدر قيمة الإنسان.

وكان طبيعياً – وإن بقي مرفوضاً ومداناً – أن تظهر أجيال لا تعرف معنى للنجاح إلا بالقرب من سطوة المال ونفوذ السلطة، وفي غياب معيار الكفاءة وفي غياب القدر الكافي من حاجة الإنسان إلى أن يحس بالاحترام أمام نفسه، رفع الجميع – تقريباً – شعار **"أنا ومن بعدي الطوفان"** وكانت طبعته التالية أكثر وقاحة: **"إن جالك الطوفان حط ابنك تحت رجليك"** ... وكثيرون – لأجل منصب أو مال – جعلوا أبناءهم ضحايا هذا الطوفان دون أي إحساس بالألم، وكثيرون جداً لم يكونوا في حاجة إلى طوفان ليفترسوا أي بريء ويقدموا جثته قرباناً لصاحب سلطة أو صاحب مال!

استقالة محمد العريان محرجة جداً لكل من لديه بقية من حياء، ومحرجة جداً لمجتمع لا يعرف أصلاً **"ثقافة الاستقالة"**. فهي محرجة لآباء لا يشعرون أنهم بحاجة أصلاً لأن يكونوا **"آباء جيدين"**، ومحرجة لمن لم يفكروا يوماً في فكرة **"أن يكونوا أزواجاً جيدين"**، ومحرجة لمن لا يستطيعون التفكير في الاستقالة في أي سن لأجل قيمة إنسانية أو أخلاقية، والعريان فعلها قبل أن يبلغ الستين.

على فكرة دي حاجة تكسف! (23)

مما علمتني الأيام، أن بعض العبارات الوقحة يمكن أن يكون فيها شيء دالّ يمكن التعلم منه، وفي الوقت نفسه، فإن بعض الظواهر التي تبدو مقطوعة الصلة هي في الحقيقة متصلة في عمق اللاوعي الجمعي. وخذ مثالاً على هذا ما شهدته الفترة التي أعقبت ثورة الخامس والعشرين من يناير من استخدام واسع **"نسبياً"** لمجازات وتشبيهات جنسية للتعبير عن أفكار سياسية، من المؤكد أن أكثرها إثارة للجدال كان تشبيه العلاقات المصرية الأمريكية بأنها **"علاقة زواج"** وليست علاقة جنسية عابرة.

وفي المفاوضات الإسرائيلية الفرنسية قبل عدوان 1956 خرج مسئول إسرائيلي عن حدود اللياقة التي تفرضها الدبلوماسية، ورفض أن تكون العلاقات الفرنسية كعلاقة جنسية بين خادمة وسيدها تتم في المطبخ!!

---

(23) نشر في السبت 18 أكتوبر 2014.

ومن العبارات التي كانت سائدة لفترة ليست بالقصيرة في الثقافة الشعبية لوصف العلاقة بين الرجل والمرأة، عبارة تتردد غالباً على لسان جهلة متبجحين يرتدون ثياب الناصحين، وهي عبارة كانت تكشف عن عملية تنميط مغرقة في الجهل، تنظر للمرأة كجسد لا أكثر ولا ترى فيها أي بُعد إنساني آخر، فكان المسجونون في هذا السجن المظلم يقولون: **"كلهن في الظلام سواء.!"**

ولأن التنميط يسهِّل وصم الفئات والجماعات وتبرير التعامل معها بأكبر قدر من العنف (والكسل العقلي معاً)، فإن الصراع السياسي الذي أطلقته تداعيات ما بعد الثالث من يوليو أطلق عجلة تنميط جهولة في النظر الإسلاميين، وقد امتلأ الخطاب العام الإعلامي والتحليلي والسياسي بجهالات من هذا النوع تؤكد أن الكل خرجوا من عباءة الإخوان، والمتشدد والمعتدل سواء، والكل لا يستحق إلا الإقصاء، و.....

وقد حدثت عملية عملية **"غسيل مخ"** لا تنافسها في الحكم والشراسة إلا ما قام به الإعلام النازي في الحقبة الأكثر سواداً من تاريخ ألمانيا الحديث. وفي الخارج تبذل جهود كبيرة لتسويق هذه المقولات بوسائل رسمية وغير رسمية، وهي استمرار لاستراتيجية **"ديبلوماسية مكافحة الإرهاب"** التي يتحمل القسم الأكبر من أوزارها الوزير عمرو موسى **"أحد أكثر عشاق الحكم الشمولي إخلاصاً"**، وهي بالمناسبة أحد أسباب موجة

الإسلاموفوبيا الجامحة التي اجتاحت الإعلام الغربي حتى الحادي عشر من سبتمبر 2001.

ومن الحقائق التي بسببها فشل أنصار هذا الخيار في التعامل مع الإسلاميين، أن **"باطلين لا يصنعان حقاً"**، وهو مَثَـل أمريكي عبقري، يحذر الحمقى – إن كان الحمقى قابلين للنصح أصلاً – بأن الأكاذيب تظل رغم الإلحاح **"أكاذيب!"**

ومن المؤشرات على صحة هذه الحقيقة ما كشف عنه استطلاع أجراه مؤخراً **"معهد واشنطن لدراسات الشرق الأدنى"**، (ومن المهم هنا الانتباه لمن لا يعرف أن هذا المعهد مؤسسة يمينية متشددة لديها موقف مبدئي سلبي من الحركات الإسلامية). استطلاع المعهد كشفت نتائجه عن أن 35 % من الشعب المصري **"تنظر بعين الرضا لجماعة الإخوان المسلمين"**، في حين أن نسبة تأييد المصريين لتنظيم الدولة الإسلامية في العراق والشام **"داعش"** تكاد تكون منعدمة. والمؤشر الأول يؤكد أن الجماعة لديها رصيد لم ينفد بعد، أياً كان الرأي فيها وفي قيادتها وفي تجربتها في الحكم.

وذكر المعهد في دراسة أعدها الباحث ديفيد بولوك، أن **"داعش"** يتمتع بدعم بين المسلمين في بريطانيا وغيرها من الدول الأوروبية، يفوق نسبة مؤيدي التنظيم في الدول العربية!!!!

وحذّر "بولوك" في دراسته، من أن المعارضة "**شبه الموحدة**" لـ "**داعش**" لا تمتدّ لتشمل منظمات إسلامية سياسية أخرى، قائلاً: "**في مصر على سبيل المثال، أعربت نسبة عالية ومفاجئة، تمثل ثلث مجموع السكان، عن موقفها الإيجابي تجاه حركة المقاومة الإسلامية الفلسطينية (حماس)، وترتفع النسبة في السعودية لتصل إلى 52 %**".

واختتم الباحث بقوله: "**الأكثر مفاجأةً هو أنه على الرغم من حملات الدعاية المستمرة من قبل الحكومتين المصرية والسعودية ضدّ الإخوان المسلمين، لا تزال هناك نسبة 35 % في مصر و 31 % في السعودية**."

ومن أهم دلالات النتائج أن تسويق المقولات الشعبوية الكاسحة أصبح بمرور الوقت أكثر صعوبة، وأن تبسيط الظواهر الإنسانية – كما هو الحال في المقولة التي أعترف أنها وقحة – ليس طريقاً للفهم بل هو طريق للوصم، وهو غالباً يستدعي ثقافة الإقصاء والصراع، بالضبط كما كانت العبارة المشار إليها تؤدي إلى عملية تنميط للعلاقة بين الرجل والمرأة تلخيصاً لحقبة عاشتها المرأة المصرية – تقريباً – بلا حقوق.

والدرس الأهم هنا للباحثين، ولمنتجي الأفكار، ولمنتجي الخطاب الإعلامي، أن المعهد الأمريكي المنحاز – بشكل معلن – ضد الحركات

الإسلامية لم يلجأ إلى خداع النفس، أو تزييف المعطيات ليوهم نفسه والآخرين، بأن **"كل شي تمام!!"**

وكل استطلاع وأنتم طيبون!

حقـ"كم" مقابل باطلـ"نا!"(24)

السياسة تعني – ضمن ما تعني – المواءمة والمفاوضة والحل الوسط، ولكن الحل الوسط يعني توفيقاً بين تصورين كلاهما **"مشروع"**، فلا تفاوض بين لص وقاضٍ!

فالقاضي دوره أن يحاكم اللص، ولا يوجد نظام قانوني في أي دولة محترمة يمنح اللص في محاكمته **"منصة"** للدفاع عن مشروعية اللصوصية، فضلاً عن أن يكون من حقه القول بـ **"نُبل اللصوصية"**، وأفضليتها على أي وسيلة أخرى للحصول على المال.

وما لم تستقر القواعد الضابطة **"الملزمة"** التي تجعل القاضي يقضي ويدين، والقوة التي تمتثل لهذا الحكم تنفذه على المدان، فلا تحدثونا عن دولة ولا مؤسسات ولا مشروعية ولا دستورية ولا سياسة ولا...

---

(24) نشر في الأحد 12 أكتوبر 2014.

فالدولة بوصفها أجهزة سيادية (أمنية وعسكرية) تحمي وجود "**جهاز الدولة**" بغض النظر عن القيم التي يعززها أداء هذه الأجهزة، وعدالة "**المخرجات**" الناتجة عن أداء هذا الجهاز الإداري، هذه الدولة ليست سوى "**طائفة مغلقة**" تحتكر القوة والسلطة والثروة لخدمة المنتسبين إليها (وخليط من المتحالفين معها من خارجها)، وتلك الوصفة الأكثر خطورة للحرب الأهلية!

والسياسة عملية مركبة تستمد "**مدخلاتها**" من: القيم، والمصالح، والمعطيات الواقعية المختلفة (الاجتماعية والاقتصادية والسياسية، الداخلية والإقليمية والدولية)، ودون قاعدة واضحة، بل شديدة الوضوح، للجائز وغير الجائز، تصبح العلاقة بين اللاعبين السياسيين أشبه بتقاطع طريق سداسي دون إشارة مرور!

وفرقاء الساحة السياسية في أي دولة عندما يجعلون العلاقة علاقة تواطؤ وتبادل منافع على قاعدة "**شيلني وأشيلك**"، هي ساحة سياسة تتم فيها مقايضة بين الحق والباطل محكومة بمبدأ:

حق "كم" مقابل باطل "نا".

ولا يحدث هذا ولا يمر – فضلاً عن أن يستقر – إلى في دولة يسيطر على نخبتها أنها: "**أرض بلا شعب.**"

ومن ينزل هذا المعترك هو – بالضرورة – شخص أصابه إدمان التواطؤ، فهو مستعد لأن يبرر أي فعل مهما كان متدنياً، طالما كان مردوده المباشر يحقق له نفعاً، وهو بعد فترة لا ينتبه إلى درجة الفضائحية في تناقض مواقفه، بين تأييد ما كان يعارضه، ومعارضة ما كان يؤيده، ولعن من كان يقدسه، وتقديس من كان يلعنه، وهنا يأتي الكلام عن السياسة بوصفها: "**مواءمة ومفاوضة وحلاً وسطاً**" ورقة توت لم تعد تستر عورات كثيرين!

فالمواءمة لا تكون إلا بين متعارضات تتصف بالمشروعية

والمفاوضة لا تكون بين لص وقاضٍ

والحل الوسط لا يكون بين حق وباطل!

وإلا فالوطنية نفسها لا تبني وطناً ما لم تتأسس على معايير أخلاقية، والشعور العاطفي تجاه الوطن لا يكفي وحده لتحديد وجهة هذه الوطنية، والمعايير هي أول ما تلاعب به إبليس عندما رفض السجود لآدم مبرراً موقفه بالتفاوت "**المكذوب**" بين الطين والنار، وبعض مآسي مصر منذ تنحي الدكتاتور حسني مبارك سببها العميق قناعة راسخة لدى فئات بعينها بأن قاعدة الاجتماع السياسي في هذا البلد هي التفاوت لا المساواة!

وعندما تتقاطع الطرق بين واجب واضح ومُحرَّم لا شبهة في حرمته يلجأ المتواطؤن إلى ما يلخصه قول الشاعر:

تلوا باطلاً

وجلوا صارماً

وقالوا: أصبنا؟

فقلنا: نعم!!

ومنذ أن امتحن الإمام الأعظم أبو حنيفة النعمان على يد السلطة بسبب فتواه في **"طلاق المكره"**، وكانت فتوى تعطي الـحـق لـمـن أعطى البيعة للحاكم مكرهاً أن يتحلل من بيعته، منذ هذه المحنة، وكل من يحاول فك قيود المكرهين المقهورين يواجه محنة على يد مستبد!

والصفقة باطلة ومردودة، بين كل من وضع الباطل في كفة ميزان والحق في كفته الأخرى ووزن الحق بالباطل، فلا مقايضة بين **"الأمن"** و**"الحرية"**، ولا مقايضة بين **"السلامة"** و**"الكرامة"**، ولا مقايضة بين **"لقمة العيش"** و**"حرية الاختيار"**، ولا مقايضة بين **"اللص"** و**"القاضي"**.

ومساعي بعض الأبالسة الصغار لإخضاع الناس لغسيل مخ تتحول فيه العلاقة بين **"الطبيعي"** و**"الاستثنائي"** علاقة معكوسة ليست سوى نوعٍ من الحرث البائس في البحر، والتاريخ لا ينكسر أمام صفاقة أحد. فالحقوق

والحريات ليست "**ممسحة جزم**" لتجار الخوف يلمعون بها أحذيتهم أمام الغرباء ثم يدسونها بنعال أحذيتهم إذا غابت أعين الغرباء.

والسياسة لا نصيب لها من اسمها ما لم تظللها المشروعية بمعناها الواسع، والمشروعية لا يصنعها القهر ولا تستقر إلا على التراضي، والتراضي لا يدوم إلا إذا استند إلى قدر كافٍ من الاتساق مع الفطرة. ومن ثوابت الفطرة أن الطامع لا يكون شاعراً بالأمن أبداً، وسيظل الطامعون ترديهم أطماعهم عاجلاً أو آجلاً، وفطرتهم طوق النجاة، لكنهم اختاروا أن يستدرجهم رب العزة من حيث لا يعلمون، فهم يحرقون طوق نجاتهم بأيديهم، ويصدقون غرائزهم ويفسدون فطرتهم.

و"**الأنا**" – مهما تضخمت – تظل خاضعة لقوانين لا تتبدل هي "**السنن الكونية**"، ومن جـهـل هذا السنن، ومن أنكرها، ومن تحداها، ليس بقادر أبداً على منعها من أن تحكم الأفراد والدول.

أزمان مصرية (1): مستر بومباست![25]

منذ الخامس والعشرين من يناير شهدت مصر هزات متتالية يصعب على الإنسان تحمُّلها، وهي هزات ساهم في شدتها استدعاء أطرافٍ متعددة أزماناً متداخلة – متصارعة – أصبح يعيشها جيل مسكين بكل معنى الكلمة. فقد عاد إلى الحياة في سنوات محدودة:

جمال عبد الناصر، ومحمد علي، والخوارج، وسيد قطب، وطه حسين، والمستشار أحمد الخازندار، ومحمود فهمي النقراشي باشا، ..... وغيرهم وغيرهم، وجميعهم عادوا إلى الحياة (أو بمعنى أدق أعيدوا) ودخلوا في شجار مأساوي يعكس الصراع على المعنى والهوية والقيمة.

أسماء يلخص كل منهم – تقريباً – زمناً يأبى إلا أن يطرد غيره من الأزمنة بالعنف المعنوي والمادي ليكون "**الخيار الوحيد**"، أو هكذا يتوهم من

---

[25] **نشر في الأحد 26 أكتوبر 2014.**

أعادوه إلى الحياة ليشغل مساحة الحاضر ويحدد بوصلة المستقبل .... وكأن العصر مسرح صراع خالٍ من البشر، الذين يملكون كل الحق في أن يملأوا حاضرهم ويشيدوا مستقبلهم، بعيدًا عن الأشباح.

وهذا الاستدعاء "**الغشيم**" المتبادل لما يفترض أنه رموز "**مُكرَّمة**" أو "**مُجرَّمة**"، وصل إلى حده الأقصى عبر نتيجة أقرب إلى المسخرة، هي أن هذا الاستدعاء يتم عبر إنتاج شديد الغزارة للشرشحة، وكأن روح "**خالتي فرنسا**" تتلبس الكثيرين!

المشهد جعلني أحاول البحث عن ملامح شخصيات صادفتها في مسيرة التاريخ الطويلة يلخص كل منها جانبًا من المحنة التي نعيشها، وأول هذه الوجوه هو "**مستر بومباست**". ومستر بومباست هو: فيليپوس ثيوفراستوس أوريولوس بومباستوس فون هوهنهايم، وليسامحني القارئ فهذا اسمه!

واشتهر باسم باراسِلسوس، كان كيميائياً وطبيباً ومنجماً وساحراً عاماً من عصر النهضة، ولد في سويسرا وتوفي في سالزبورج بالنمسا، ومعنى الاسم الطويل السابق ذكره: "**مساوي أو أعظم من أولوس كورنليوس سلسوس، الموسوعي الروماني من القرن الأول، الذي اشتهر بعمله الهام في الطب**"، أي أنه لعب دوراً تاريخياً في علم الطب، وعلى يديه حدثت النقلة التاريخية من

الأدوية ذات الأصل النباتي (الأعشاب) إلى الأدوية ذات الأصل المعدني، أي الحديثة.

كان مستر بومباست في ستراسبورج يمارس الجراحة ويحاضر الحلاقين الصحيين، وكان تعليمه لهم مزيجاً مهوشًا من المعقول وغير المعقول، ومن السحر والطب، وهو – رغم دوره التاريخي في تطوُّر علم الطب – لم يستنكف من استخدام التعاويذ والتمائم السحرية علاجاً.

المهم في بارسيليوس أنه كان من شراشيح التاريخ الإنساني الكبار!

كان شديد البذاءة في معاملة مخالفيه، وكانت مجادلاته مع معاصريه أشبه بلغة "**خالتي فرنسا**"، وهو بسبب هذه السمات، نشر في محيطه جواً من العنف اللفظي كان هو من أطلق رصاصته الأولى، حتى أصبح اسمه رمزاً للتبجح. ووجه "**مستر بومباست**" في الحقيقة أحد الوجوه التي تطل علينا – تقريباً – من جميع المعسكرات المتقاتلة في المشهد المصري الراهن، على ماضٍ لا تعرفه جيداً، وتحاول عبر خليط يشبه خليط بومباست العجيب من العقلانية واللاعقلانية، أن تتحكم في مستقبل يخص أمة من تسعين مليوناً.

ومن الناحية التاريخية قد يكون ما أحدثه من تحوُّل في تاريخ الطب – في نظر البعض – يغفر له "**ما تقدم من بذاءته وما تأخر**"، لكن النسخ المستنسخة عنه لم ينلنا منها إلا التبجح.

ومن يطالع الكثير من برامج التوك شو السياسي وكثير من حسابات مواقع الإعلام الاجتماعي يعثر بمنتهى السهولة واليسر على بصمات لغة الرجل، والتحول النوعي الوحيد الذي نجح تلاميذ مستر بومباست المعاصرون في إحرازه، هو دفع عدد كبير من المحترمين إلى إخلاء الساحة لهم، والاكتفاء بالفرجة على نخبة تذبل تحت أقدام المتبجحين.

والمشهد مربك في الحقيقة، وبخاصة لمن يستشعر مسئولية إنسانية وأخلاقية إزاء مستقبل وطنه، ذلك أن توفر الشروط الملائمة لحوار جدي لا يشوبه ترهيب، مسئولية النظام العام، وغياب هذه الشروط الملائمة يتجاوز في آثاره الخطيرة حرمان أشخاص يستحقون ـ ويملكون ما يمكن أن يفيد الناس ـ من الظهور أو التعبير. إن غياب هذه الشروط الموضوعية ـ وهو في تصاعد مستمر ـ يهدد العقل الجمعي بأخطار التكلس والموت الإكلينيكي، ويهدد الحس الأخلاقي العام بأخطار التبلد والاعتياد على ابتلاع خطاب مشوه سوف تظهر ثماره المرة بعد زمن ليس طويلاً.

والمناخ الصحي ـ ثقافياً وأخلاقياً وبالتالي سياسياً ـ هو موطئ القدم الذي تعود إليه الأمم عندما تستشعر الحاجة إلى إعادة التقييم، ووضع المعايير والاسترشاد بضوء الفطرة والعقل معاً. فإعادة **"مستر بومباست"** واستنساخه بهذه الأعداد الكبيرة يطرد العملة الجيدة ويطلق سحابات من الغبار والضباب تجعل الرؤية عسيرة. ويوم نعلن نهاية **"زمن مستر بومباست"**

في المشهد المصري، نكون على أول طريق استعادة شيء من التوازن في واقع شديد الاختلال .

أزمان مصرية (2): إديث شتاين![26]

كما أشرت في المقال الماضي، تشهد مصر منذ الخامس والعشرين من يناير هزات متتالية يصعب على الإنسان تحملها، وهي هزات ساهم في شدتها استدعاء أطرافٍ متعددة أزمانًا متداخلة – متصارعة – أصبح يعيشها جيل مسكين بكل معنى الكلمة.

فقد عاد إلى الحياة في سنوات محدودة:

جمال عبد الناصر، ومحمد علي، والخوارج، وسيد قطب، وطه حسين، والمستشار أحمد الخازندار، ومحمود فهمي النقراشي باشا ... وغيرهم وغيرهم، وجميعهم عادوا إلى الحياة (أو بمعنى أدق أعيدوا) ودخلوا في شجار مأساوي يعكس الصراع على المعنى والهوية والقيمة.

---

[26] نشر في الأحد 02 نوفمبر 2014.

أسماء يلخص كل منهم – تقريبًا – زمنًا يأبى إلا أن يطرد غيره من
الأزمنة بالعنف المعنوي والمادي ليكون **"الخيار الوحيد"**، أو هكذا يتوهم من
أعادوه إلى الحياة ليشغل مساحة الحاضر ويحدد بوصلة المستقبل، .... وكأن
العصر مسرح صراع خالٍ من البشر، الذين يملكون كل الحق في أن يملأوا
حاضرهم ويشيدوا مستقبلهم، بعيدًا عن الأشباح.

وثاني الأزمان المستعادة **"زمن إديث شتاين"** وهي مساعدة
الفيلسوف الألماني هُسرل. وُلدت لأم يهودية أرثوذكسية لم توفر تعليمًا دينيًا
لأولادها، ولذا ألحدت إديث وهي في سن صغيرة. ثم قرأت السيرة الذاتية
لحياة **سانت تيريزا**، وتأثرت بها تأثرًا عميقًا، فتكثلكت وغيرت اسمها إلى تيريزيا
بنديكتا. ويبدو أنها كانت تشير إلى نفسها على أنها يهودية، وقد قبض عليها
الجستابو عام 1942 وماتت في أوشفتس بعد ثمانية أيام من القبض عليها.

وقد أعلنت الكنيسة الكاثوليكية عام 1990 أن إديث شتاين
قديسة، فثارت ثائرة المؤسسة اليهودية لأن هذا – من وجهة نظرهم – يُعَدُّ
محاولة للاستيلاء على **"الرمز"**، والطريف في الموضوع أن الأخ دانيال، وهو
يهودي تكثلك (تمامًا مثل إديث شتاين)، وذهب إلى إسرائيل باعتباره يهوديًا
وطالب بالحصول على الجنسية الإسرائيلية حسب قانون العودة ورُفض طلبه.
فكأن المؤسسة اليهودية في العالم الغربي هي التي تقرر من هو اليهودي، دون
الالتزام بأية معايير إلا مصالحها وأهوائها.

وإديث شتاين نموذج لمحاولات "**الأخ الأكبر**" الديني أو السياسي أن يفرض على الإخوة الصغار هوياتهم وتصوره هو الخاص لـ "**مصالحهم**" التي يتم تذويبها غالبًا في مفهوم غامض لـ "**المصلحة العليا للوطن**" – والمصلحة العليا للوطن تجعل مؤسسات دينية تجعل الدين مجرد شيء شبيه بـ "**الأسمنت**" أو "**الغراء**" الذي يحفظ تماسك بناء الدولة (والتشبيهان يستخدمان بالفعل في أدبيات غربية عديدة). ومع تحويل الدين إلى "**وسيلة**" و"**خادم**" عند الدولة تبدأ الكوراث.

والصراع على إديث شتاين بين اليهودية الكاثوليكية هو الوجه الآخر لـ "**الصراع على الدولة**" الذي نعيش مساخره منذ الخامس والعشرين من يناير. والصراع على الدولة غالبًا تكون محرماته أوضح من أهدافه: أي أن من يخوضونه يكونون على علم واضح ودقيق بما يريدون منعه، ولا يكون واضحًا في أذهانهم على الإطلاق ما يريدون إنجازه. وبعض أكثر العلمانيين تشددًا يقومون بتديين الصراع تدينًا تامًا، على قاعدة "**قتلانا في الجنة وقتلاكم في النار**".... انطلاقًا من أيديولوجية علمانية!!

فالدولة هنا تكون "**عصا غليظة**" يحاول كل طرف الإمساك بها لتوجيه ضربة قاتلة للطرف الآخر، ولا تكون وسيلة لتحقيق الشروط الإنسانية الأفضل لمواطنيها كل مواطنيها. وما مشهد الاقتتال الإعلامي الأحمق حول دم الإعلامي الراحل الحسيني أبو ضيف – مثلًا – إلا عينة ممثلة لهذا التقاتل

على معاني الأشياء، لا على مشروعيتها الأخلاقية أو الدينية أو القانونية. وكما أن إديث شتاين كانت يهودية، وفي الوقت نفسه قديسة مسيحية كاثوليكية – وهو أمر مستحيل طبعًا – فإن الحسيني أبو ضيف كان إخوانيًا ومناهضًا للإخوان في آن واحد، لكن هذا التنازع على هويته السياسية الأيديولوجية لم يمنح أسرته أكثر حقوقها بساطة: القصاص من القاتل أيًا كان!!

وبعض من رفعوا في عهد الرئيس المعزول محمد مرسي شعار: **"طول ما الدم المصري رخيص... يسقط يسقط أي رئيس"**، هم بأشخاصهم من برروا سفك الدماء المستمر بعد عزله، وما زالوا يحتكمون إلى مفاهيم مطاطة وغامضة: كالمصلحة العليا للوطن، والأمن القومي، والدفاع عن هوية مصر، والدفاع عن الدولة في مواجهة مخططات هدمها...... وحال إديث شتاين هو بالضبط – في الحالة المصرية – حال المواطن المصري، فالحرب تتم باسمه وعلى جثته، وما يريده هذا المواطن، ليس مما يشغل أيًا من الفريقين المتقاتلين، لكنه إذ يموت تصبح جثته و**"رواية موته"** استثمارًا سياسيًا!!

فايزة أبوالنجا وصعود الجمهوريين في أمريكا(27)

في (٢٠/ ٩/ ٢٠١٢) كتب الدكتور مصطفى الفقي مقالًا عن الوزيرة السابقة فايزة أبو النجا ضمن سلسلة البروفايلات التي يكتبها عمن عرفهم من الشخصيات العامة، ومما جاء في هذا المقال:

"سوف تتذكر الأجيال القادمة أن سيدة من "مصر" وقفت وراء رأيها مدافعة عن وطنها في شموخٍ وكبرياء، وتمسكت بموقف بلادها في مواجهة قوة عظمى ودولة كبرى وإعلام أمريكي يستطيع تغيير الصورة وقلب الحقيقة إذا أراد، لقد تمسكت السيدة "فايزة أبو النجا" بما رأته واضحًا أمامها – في صدقٍ وشفافية – متصلاً بالتمويل الأجنبي للمجتمع المدني المصري في توجهاته المختلفة دائمًا وأبعاده المتعارضة أحيانًا، وأثبتت تلك السيدة الواعية أن التمويل الأجنبي في عام الثورة قد تجاوز أرقام الأعوام

---

(27) نشر في الأحد 9 نوفمبر 2014.

السابقة بقفزات واسعة، بما يؤكد الأهداف السياسية وراء ذلك التمويل الانتقائى المتزايد، ولقد صمدت السيدة "فايزة أبو النجا" أمام الرياح العاتية والأعاصير الشديدة من الداخل والخارج، إيمانًا منها بأنه لا يصح إلا الصحيح في النهاية، ويذكرني ذلك بالتاريخ الدبلوماسي المتألق لهذه السفيرة المتميزة التي عملت إلى جانب أستاذ الأجيال الدكتور "بطرس بطرس غالي"، الذي كان وزيرًا للدولة للشؤون الخارجية ثم اختارها بحصافته وذكائه من بين كل زملائها لكى تكون المساعد الخاص لسكرتير عام الأمم المتحدة، ولقد استثمرت السيدة "فايزة أبو النجا" هذا الموقع في توثيق شبكة اتصالات تبلغ حد الصداقة مع عشرات من الشخصيات الدولية المتميزة."

وأضاف الفقي: "**وقد اقترنت الوزيرة "فايزة أبو النجا" في مطلع شبابها بزميل لها هو السفير "هشام الزميتى" سفير "مصر" في "اليابان" الذي كان سفيرًا من قبل في "باكستان" و"المجر"، وهو إنسان متكامل علمًا وخلقًا وابن نابه للمدرسة "الفرانكفونية" في الدبلوماسية المصرية.**"

وقد كان خبر تعيينها مستشارًا للأمن القومي في رئاسة الجمهورية أحد أسوأ الأخبار التي سمعتها خلال سنوات.

أولًا لأن فايزة نموذج للتطرف الوطني الرومانسي الذي يجد في الأجواء الشمولية أفضل مناخ لتحقق تصوراتها، وهي في هذا السياق جزء من ظاهرة حذرت من مخاطرها مرات، وهي "**اللوبي الفرنكفوني**" في مصر، بل هي أحد أهم رموزه، ولنتأمل المنقول من مقال مصطفى الفقي. هذا اللوبي هم من تلاميذ بطرس بطرس غالي أحد أهم أدوات السياسة الخارجية الفرنسية – حتى وقت أن كان وزير دولة للشؤون الخارجية – ويكفي للدلالة على ذلك دوره "**المسكوت عنه**" في الحرب الأهلية الرواندية.

وأخطر ما في هذا اللوبي قناعته الراسخة بمتوالية من الأفكار تشكل خلطة مدمرة على مستقبل مصر:

نحن غير مؤهلين للديموقراطية.

الشمولية ضرورة مرحلة (لكنها في الحقيقة مرحلة لا نهاية لها).

الديموقراطية الغربية – وبخاصة في صيغتها الأمريكية – خطر على الدولة الوطنية التي يجب أن تكون ديناصورية ومطلقة السيادة.

العداء للولايات المتحدة الأمريكية موقف وطني مبدئي.

وفي مسار "**الزعيمة الوطنية الكبيرة**" فايزة أبو النجا كان دورها بوصفها "**مهندسة الهجمة على منظمات المجتمع المدني**"، وهي شهادة لها بجذرية موقفها من الديموقراطية وأمريكا معًا، وهذا أحد أهم أسباب الاختيار.

فهي لم تعين مستشارة اقتصادية أو مستشارة للعلاقات الدولية — كما يفترض — اتساقًا مع خبرتها كوزيرة سابقة للتعاون الدولي. والدلالة الأسوأ لهذا الاختيار أن **"الديموقراطية"** حلت محل **"الإرهاب"** كعدو تجب مواجهته.

ومع تحوُّل الأغلبية في مجلس الشيوخ الأمريكي لتصبح **"جمهورية"** تصاعدت احتمالات الصدام في العلاقات المصرية الأمريكية، وجدير بالإشارة هنا أن الموقف العلني للحزب الجمهوري — من خلال موقف جون ماكين — كان واضحًا في الابتعاد عن الدعم الرسمي الأمريكي لما بعد الثالث من يوليو.

وخلال السنوات الأخيرة من حكم الرئيس الجمهوري الأخير جورج دبليو بوش واجه مبارك **"ضغوطًا خشنة"** جعلته لعدة سنوات يمتنع عن زيارة الولايات المتحدة، ومع تصاعد احتمال أن يفشل الديموقراطيون في إيصال رئيس إلى البيت الأبيض في 2016 فإن احتمال المواجهة يصبح أكبر. ومن قبيل التبسيط المخل تصور أن الإدارة الجمهورية — المحتملة — يمكن أن تتعامل في ملفات الشرق الأوسط بمنطق:

"نبيد الإسلاميين أولًا ثم نتكلم في موضوع الديموقراطية"
وهو منطق تتبناه عدة دول في المنطقة واستطاعت — إلى حد كبير — إقناع الأوروبيين به!

والإدارة الجمهورية التي أصبحت حقيقة – جزئيًا – بحيازتهم أغلبية مجلس الشيوخ ستترجم سياستها بالمزيد من التدخل والمزيد من استخدام القوة في الملفات الساخنة في المنطقة، فضلًا عن أنها – على الأرجح – ستضغط بقوة لمنح المجتمع المدني مساحة حرية حركة.....

ولمثل هذه المهام تم استدعاء الفرنكفونية التي خدمت مع المخلوع حسني مبارك في السنوات الأكثر سوءًا، وليس لأحد أن يتذرع بأي مبررات وطنية للدفاع عن تعيين وجه من وجوه نظام مبارك، ومن يريدون إعادة عقاب الساعة إلى الوراء بالدفاع عن مثل هذه القرارات، أولى بهم أن يكونوا أكثر صراحة مع أنفسهم ومع الآخرين، ويبدؤوا من الآن حملة انتخابات رئاسية لجمال مبارك!

الربيع العربي في الفخ الروسي(28)

لم يكن الشرق الأوسط أبداً على هامش اهتمام الاتحاد السوفيتي، ذلك أنه بالمعنى الحرفي **"قلب العالم"**. وقد أحرزت الولايات المتحدة انتصارات كبيرة منذ دخلت منطقة الخليج في أربعينات القرن الماضي لتؤسس نفوذاً لم ينقطع حتى اليوم, وفي خمسينات القرن الماضي وضع حلف الناتو أقدامه في تركيا. ومع انهيار الاتحاد السوفيتي مطلع تسعينات القرن الماضي، ومع تراجع ملحوظ للنفوذ الفرنسي في شمال أفريقيا، كان لدى الولايات المتحدة فرصة تاريخية لأن تتمدد أوسطياً، لكن قوى تقليدية في هذا المحيط الجغرافي وقوى إقليمية أخرى كانت تقاوم هذا التمدد الأمريكي.

خلال سنوات ما بعد الحرب الباردة استطاعت الولايات المتحدة أن تتمدد في شرق أوروبا كله تقريباً، ومع كل توسيع لحلف الأطلسي شرقاً كان شبح مواجهة أمريكية روسية يظهر ثم يغيب لاحقاً. وفي مايو 2013 حضرت

---

(28) نشر في السبت 15 نوفمبر 2014.

دورة **منتدى فالداي** السنوي الذي تنظمه الخارجية الروسية وكان منعقداً في مراكش المغربية. وخلال المناقشات كان واضحاً جداً أن روسيا تريد "**حرق الربيع العربي**"، وكان خطاب غير قليل من المشاركين الروس الرسميين وغير الرسميين يشبه – من حيث المحتوى – خطاب أحمد موسى، وكانت ملامح الحلف الذي تشكَّل لاحقاً لمواجهة "**الربيع العربي**" تبدو بشكل جنيني، وكان واضحاً جداً أن أطرافاً إقليمية تريد استثمار هذا التوجه الروسي.

على هامش المنتدى أجريت حواراً تلفزيونياً مع المستشرق الروسي الملقب بـ "**عميد المستشرقين الروس**" فيتالي نعومكين لقناة الاتجاه الفضائية العراقية التي كنت أعمل بها آنذاك. وكانت أهمية نعومكين أنه مستشار الرئاسة الروسية الأكثر تأثيراً في شئون الشرق الأوسط. وقد سألته بوضوح: هل تخطط روسيا – كما يبشر مثقفون يساريون عرب كثيرون – لأن تعود إلى الشرق الأوسط في إطار حرب باردة جديدة في مواجهة الولايات المتحدة، فقال لي: "**لا تستطيع ولا تريد ولا يخدم مصالحها**"!

لكن تحوُّلين متزامنين كبيرين دفعا "**الغيظ الروسي الصامت**" للتحول إلى تحركات على الأرض: الأزمة الأوكرانية، والتحولات في مصر منذ 30 يونيو. وبعد تطورات غير متوقعة كان ختامها ظهور داعش وتوسعها السريع، تحول الموقف الروسي بقوة، مدعوماً بتردد غير مسبوق في القرار الأمريكي في عدد من الأزمات. وفي إبريل 2014 قال ريك ستينغل، وكيل وزارة الخارجية

الأمريكية لشؤون العلاقات العامة والدبلوماسية، إن الإعلام الروسي يشن حملة دعائية منظمة فريدة من نوعها تعكس القوة الهائلة التي كان يبنيها عبر جهازه الدعائي طوال حقبة من الزمن، مضيفاً أن الرئيس فلاديمير بوتين كان يتحدث بشوق عن الاتحاد السوفيتي، ويعتبر سقوطه أكبر مأساة بالقرن الماضي.

وذكر ستينغل، الذي كان يرأس تحرير مجلة "تايم" قبل توليه منصبه الحالي منذ أيام، لدى سؤاله عن خططه للفوز بالحرب الإعلامية بين أمريكا وروسيا، وبخاصة أنه قد سبق له لقاء الرئيس بوتين اثناء عمله الصحفي قال: **"الدبلوماسية هي قوة ناعمة، تقوم على الكلمات والأفكار، ومنذ أن توليت منصبي – وبعد ضم روسيا للقرم – ذهلت لمقدار التنظيم في الدعاية الروسية، وحجمها الكبير، وتطوُّرها، ودخولها في الكثير من أوجه الحياة، بينما نحن في المقابل فككنا جزءًا كبيرًا من قدراتنا الدعائية بعد الحرب الباردة لاعتقادنا بأننا فزنا".**

وأضاف ستينغل، في مقابلة مع CNN: **"كان الروس طوال السنوات الماضية يقومون ببناء جهازهم الدعائي، وما نراه حاليًا عبر وسائل الإعلام والتواصل الاجتماعي، هو حصيلة مجهودهم لبناء البروباغندا طوال عقد من الزمن. لديهم قنوات تعمل بالإنجليزية، ونحن نتسامح مع**

وجودها في الولايات المتحدة، بينما أوقفت موسكو عمل "صوت أمريكا" على الأراضي الروسية."

ولاحقاً – قبل أيام – شرعت روسيا في اتخاذ خطوة تعيد للأذهان أجواء الحرب الباردة بين موسكو وواشنطن، بكل صراعاتها وحروبها الإعلامية والدعائية، إذ قررت روسيا، تدشين جهاز إعلامي جديد تحت مسمى **"سبوتنيك"**، يضم مئات الصحفيين والإعلاميين الذين سيتعين عليهم مواجهة **"الدعاية الغربية العدائية"** لروسيا، وتقديم وجهة نظر مختلفة للعالم حول قضاياه المختلفة. وحسب ديمترى كيسيليوف رئيس وكالة **"روسيا سيجودنيا"** الإعلامية، التى أطلقها بوتين العام الماضى لتحسين صورة روسيا فى الخارج: **"نحن ضد الدعاية العدائية التى يقتات عليها العالم.. سنقدم تفسيرًا بديلاً للعالم.. هناك حاجة إلى ذلك."**

وما تشير إليه التطورات، أن السيطرة الجمهورية على مجلس الشيوخ الأمريكي – بل احتمال وصول رئيس جمهوري إلى البيت الأبيض في 2016 – أن الروس (وحلفاؤهم الشرق أوسطيون) يتحسبون بشدة لهذا التحول، لا سيما إذا أخذنا في الاعتبار خلافات جمهورية/ ديموقراطية غير مسبوقة في تاريخ البلاد – كادت تتسبب في كارثة عند تمرير آخر ميزانية فيدرالية، وأدت بالفعل لتعطيل جزئي للجهاز الحكومي الأمريكي. وهذا الاختلاف معناه – على الأرجح أن يؤدي صعود الجمهوريين إلى تحوُّل في

أدوات السياسة الخارجية الأمريكية وبدائلها، نحو مزيد من الخشونة بل ربما اللجوء إلى القوة، وقبل قليل كتب نائب أمريكي مقالاً ينتقد فيه تردد إدارة أوباما قائلاً: **"لو كان في البيت الأبيض رئيس جمهوري للكم الرئيس الروسي فلاديمير بوتين وأسال من أنفه الدم!!"**

والآلة الإعلامية الروسية الجديدة/ القديمة ستكون على وجه القطع مدفعية ثقيلة تصب نيرانها على ثورات الربيع العربي !

حكاية طن من الدولارات!([29])

من الأفلام التي أحبها ونادرًا ما أشاهده على أي شاشة "**حكاية نصف مليون دولار**" ليحيي الفخراني، ويحكي قصة فساد تسببت الصدفة في كشفها بشكل درامي دفع صاحبها – وآخرون – ثمنها غالياً.

وفي فبراير 2011 كتبت في جريدة "**المستقبل**" اللبنانية مقالاً عنوانه: "**الغرائبية السياسية تكسب الجولة**" بعد الكشف عن ما يشبه الكنز من رزم الأموال بمختلف العملات في أحد قصور الديكتاتور التونسي المخلوع زين العابدين بن علي.

ووقتها قلت إن "**الوقائع – أحيانً – لا تخفض سقف الخيال السياسي ... بل ترفعه!**"

([29]) نشر في الإثنين 1 ديسمبر 2014.

والناس عندئذٍ يكونون معذورين عندما تسيطر على عقولهم التفسيرات التآمرية، وقبل أيام شهدت الصين واقعة من هذا النوع الذي يلهب الخيال. والواقعة التي نشرتها جرائد – بينها **الأهرام** – تعتمد على تقرير لرويترز عن مجلة "**فينكس**" الأسبوعية التي تصدر في هونج كونج، كشفت عن أن واحدًا من أكبر ضباط الجيش السابقين في الصين، أخفى أكثر من طن من أوراق النقد، والتُّحَف الثمينة، في قبو منزله، في أحدث تفاصيل تظهر عن قضية تحظى بتغطية إعلامية كبيرة، وسط الحرب التي تشنها بكين على الكسب غير المشروع.

وقال مدعون عسكريون، إن شو تساي هو النائب السابق لرئيس اللجنة العسكرية المركزية، اعترف بأخذ رشاوى "**ضخمة**"، مقابل مساعدته في ترقية الضباط. ويقول مسؤولون: إن شو، الذي تقاعد من منصب نائب رئيس اللجنة العسكرية، في العام الماضي، ومن المكتب السياسي للحزب الشيوعي الحاكم، في عام 2012، سيواجه على الأرجح الآن محاكمة عسكرية. وكان مدعون فتشوا منزل شو الفاخر في بكين، واكتشفوا في القبو "**أكثر من طن**" من الدولارات الأمريكية، وعملتي اليورو واليوان الصيني، كما أن الضابط المتهم بالرشوة أخفى، فضلاً عن ذلك، عدداً لا يحصى من الأحجار الكريمة، والتحف النادرة، في ذلك القبو.

وقالت المجلة: **"المسؤولون عن القضية لم يكن أمامهم سوى استدعاء عشر شاحنات عسكرية، لتحميل كل الأشياء التي تمت مصادرتها، ووُضعت في أكوام مثل الجبال، لنقلها من منزل النائب السابق لرئيس اللجنة العسكرية المركزية."**

ولا أشك في أن **علي بابا** لو عاد إلى الحياة ورأى ذلك لترحَّم على المغارة التي ألهبت خيال الناس قروناً من هول ما تحكيه المجلة!

والقصة كلها غنية بالعبر، فالاستبداد لا يمكن أن يثمر إلا الفساد والترقي في أي مجتمع عندما يستند إلى درجة استعداد المرؤوس لتقديم الولاء المطلق أو المال، لا تسمح إلا للأسوأ بأن يصعد إلى أعلى، والمنظومات السياسية التي يرتفع بناؤها على أعمدة من الشعارات تفتح الباب لأن يحتل **"الهتيفة"** والمتلصصون واجهة المشهد، فالشعبوية السياسية لا تحتكم إلى الكفاءة، بل ربما تكره الكفاءات وتضيق بهم، ومن ثم تضيِّق أمامهم السبل.

وقد كتبت مراراً أحذر من تهليل البعض لوهم اسمه **"المعجزة الصينية"** يرونه مزجاً عبقرياً (وأراه إجرامياً) بين الرأسمالية والاستبداد، وهم منذ سنوات يبشرون بالمعجزة وضرورة التعلم منها، لكنهم لا يشيرون إلا على استحياء إلى الفساد الوحشي في الصين، وهو فساد يحميه ظلام الاستبداد

وتمتد أذرعه الأخطبوطية في قلب الحزب الشيوعي الصيني. وهذه الحالة ليست الأولى ولا الوحيدة التي يتم الإعلان عنها، ومن المنطقي استنتاج أن ما يكشف عنه ليس سوى جزء من الظاهرة.

والذي تؤكده القصة على غرائبيتها أن الادعاءات الثورية أمر سهل على البر والفاجر على السواء، وأن غياب المساءلة القائمة على فصل حقيقي بين السلطات لا يمكن أن يحقق نجاحاً – فضلاً عن أن يحقق معجزة – لا في ظل **"الحزب القائد"**، ولا **"الزعيم المنقذ"**، وأن **"الصناديق المغلقة"** على حد تعبير وزير الدفاع الأسبق الفريق أمين هويدي (رحمه الله): **"تنمو فيها الأفاعي."**

وهذا الفساد المتخفي خلف أقنعة الثورية ظاهرة سياسية لا غنى عن استيعاب دروسها، لأمة تشيد بناء نظامها السياسي، فعضوية المكتب السياسي للحزب ومنصب الرجل الثاني في اللجنة العسكرية في الحزب وراءه مسار طويل من المرجح – إن لم يكن من المؤكد – أنه استعان فيه بسلاح الرشوة: يأخذ من مرؤوسيه ويعطي رؤساءه!

وهو بهذه الكمية الضخمة من الأموال ساعد عدداً ربما يصعب إحصاؤه من الضباط على أخذ ما لا يستحقون، وحتى لو كانوا قد دفعوا هذه الرشى ليأخذوا ما يستحقون (وهذه من الحجج التي يكرر كثير من دافعي

الرشاوي في كل زمان ومكان)، فهل ينسى أي من هؤلاء طوال مشوار خدمتهم العسكرية أن الرشوة كانت كلمة السر!

لقد شاهدت قبل أيام فيلماً وثائقياً رائعاً على قناة **الجزيرة** عن الحرب العالمية الأولى بعيون عربية، ويروي الفيلم قصة هزيمة مريرة مني بها الجيش العثماني في معركة تسمى: "**سراي قاميش**" وفيها لقي عشرات الآلاف من الجنود العثمانيين حتفهم حفاة جائعين بسبب قياداتهم الفاشلة، وحتى اليوم ما زال أهل سراي قاميش يرددون قصة يفسرون بها سلوك قيادة الجيش العثماني، وهي حسب قول شاهد وحيد باقٍ: الرشوة، يقول: "**أخذ طناً من المال من الأعداء!**"

وكم من أطنان من المال ولكن لا رقيب.

بعض الماضي ... لا يموت!([30])

يوماً ما قال بشار الأسد إن سوريا هي المعقل الأخير للعلمانية في المنطقة، وبدا التصريح غريباً لكثيرين، فالرجل الذي يستند نظام حكمه الرئاسي/ الوراثي على الطائفية بأكثر صورها فجاجة، يتحدث عن علمانية لا نصيب لحكمه – وحكم أبيه من صيغتها الأكثر تطرفاً – إلا الكراهية الشديدة للتدين والمتدينين. وبشار نموذج لعلمانية عربية عسكرتارية تحارب معركتها الأخيرة، ومن سوء حظها أن الفصل الأخير من القصة يشهد استعادة لصفحات من الفصل الأول منها يزيح الستار – لو جزئياً – عن الأكذوبة!

فالتجربة العلمانية العربية في الحكم: البوميدينية، والبورقيبية، والصدامية، والأسدية، لم تعرف من العلمانية كفاءتها، ولا عقلانيتها، ولا وارتباطها الوثيق بالحفاظ على الحريات (أياً كانت تحفظاتنا على الرؤية الغربية في قضية الحريات)، بل كانت علمانية الفساد والفشل والقمع. وبينما تشهد

([30]) نشر في الثلاثاء 16 ديسمبر 2014.

المنطقة العربية تصاعداً غير مسبوق في خطاب "**مواجهة الفاشية**" (مضافاً إليها الإسلامية طبعاً) تكشف الوقائع عن تحالف وثيق بين هذه الأنظمة (الحاكمة وتلك التي تحاول استعادة السلطة معاً) وبين الفاشية الأم: النازية!

فقبل أيام كُشِف عن أن مجرم الحرب النازي ألويز برونر فارق الحياة في سوريا قبل 4 أعوام. وهو ضابط صاعقة نازي ولد قبل مئة وعامين، ويتهم بإرسال أكثر من 128 ألف يهودي إلى حتفهم في معسكرات الموت. واكتنف الغموض وضع برونر لسنوات، ومؤخراً أُعلن أنه مات ودفن في دمشق قبل 4 سنوات...... مات غير نادم على ما فعل!

وجميعهم يبدون التبلد نفسه .... وخطأ أن يظنه الأغبياء شجاعة أو ثقة في النفس!

السفاح عمل مساعداً لأدولف إيخمان، أبرز المسؤولين عن تنفيذ سياسة هتلر المعروفة بـ "**الحل النهائي**" وأرسل 47 ألف يهودي إلى حتفهم في فيينا، و44 ألفاً في اليونان، و23 ألفا في فرنسا، ثم فرَّ إلى سوريا في خمسينيات القرن الماضي، وعمل مستشارا لحافظ الأسد في أساليب التعذيب.!

في فرنسا، كان برونو، ابتداء من يوليو 1943، المسؤول عن معسكر درانسي في ضواحي باريس، وهو الذي أمر بنقل نحو 24 ألف يهودي

فرنسي أو مقيم في فرنسا إلى معسكر **أوشفيتز**، كما أنه متورط مباشرة، بنقل 47 ألف يهودي نمساوي، و44 ألف يهودي يوناني، و14 ألف يهودي سلوفاكي.

وقبل ألويز برونو بسنوات توفي في القاهرة "**طبيب الموت النازي الأكثر شهرة**" (أريبرت فرديناند هايم)، وكان عضواً في وحدات النخبة النازية الألمانية مع هتلر، وكان طبيباً في المعسكرات: **بوخينفالد**، و**زاكسن هاوزن**، و**ماوت هاوزن**، النازية. وقد اتهم الدكتور هايم بإجراء عمليات للمساجين دون مخدر، وبتر أعضاء من المساجين الأصحاء ثم تركهم يموتون على منضدة العمليات، وحقن السموم والبنزين في قلوب آخرين. ومن الممارسات التي اشتهر بها، أنه كان معتاداً على النظر في أفواه المساجين لتحديد ما إذا كانت أسنانهم خالية من العيوب، وإذا كانوا كذلك كان يُقتل السجين بحقنة، ويقطع رأسه ويتركها في فرن حرق الموتى لساعات، حتى ينزع اللحم من عظام الجمجمة، ثم يجهز الجمجمة، لنفسه وأصدقائه ليضعوها زينة على مكاتبهم.

وبعد العيش بعيداً عن أنظار الباحثين عن النازيين لمدة تزيد على عشرة أعوام بعد الحرب العالمية الثانية، هرب عام 1962. وظل مكان اختفائه ووفاته أيضاً في عام 1992 لغزاً حتى الآن. وقد حصلت "**نيويورك تايمز**" وقناة "**زي دي إف**" التليفزيونية الألمانية على حقيبة أوراقه الخاصة من الأسرة التي

تـملك الفندق الذي كان يسكن فيه هايم. وتخبر المستندات الموجودة في الحقيبة عن قصة حياته وموته في مصر.!

وغالبية الأوراق تحمل الاسم الثاني لـ **"طبيب الموت"**: طارق حسين فريد، وحسب ابنه روديغر هايم، فإن والده أخبره أنه يعرف نازيين آخرين هناك، لكنه حاول أن يظل بعيداً عنهم.

وقبل العم طارق بسنوات، كان مفتي فلسطين الحاج أمين الحسيني الجسر بين الحبيب بورقيبة ومخابرات النازي، ليحصل بورقيبة بعدها — ولسنوات — على راتب من المخابرات النازية، وكان شعار **"عدو عدوي صديقي"** يدفع غير قليل من نخبنا السياسية في أحضان النازية كفكرة، والشبكات النازية — كتنظيمـات — في علاقة تعاون نقلت إلى شرائح واسعة من العقل السياسي العربي أسوأ أمراض النازية.

والفاشية الكامنة تحت الجلد (المتمتعة بالحماية الرسمية كما تشير الوقائع سالفة الذكر) هي أحد المحركين الفاعلين في الصراع الدائر الآن بين الربيع العربي وخصومه، فمقولة: **"الزعيم الفرد المنقذ المتأله"** ليست من بنات أفكار أكثر الحركات الإسلامية تشدداً، بل وقع في غرامها عدد من حكام ما بعد الاحتلال المباشر، عندما صادفوها في كتابات نيتشة عن **"السوبر مان"** (الإنسان الأعلى)، وكان هواري بومدين يقرأ من كتاب: **"هكذا تكلّم**

زرادشت" بمنتهى الورع، وكأنه يقرأ نصاً مقدساً، ثم يضع الكتاب بمنتهى التوقير ويقول: **"صدق نيتشة!"**

ولا يجتمع في قلب إمريء: الإيمان بأفكار نيتشة، والإيمان بالمساواة أمام القانون ... لكن أكثر الفاشيين لا يعلمون!!!!!!!!!!!!

البحث عن دليل على صحة الخرافة![31]

أحياناً يبدو كلام بعض المثقفين والسياسيين المصريين عن النماذج تعبيراً عن جهل فاضح بالكيفية التي يمكن بها بناء مشروع وإدارة دولة، والحبر الذي أسيل منذ ثورة الخامس والعشرين من يناير عن: "**النموذج التركي**"، و"**النموذج الايراني**"، و"**النموذج الصيني**"، و"**النموذج الباكستاني**"، و"**النموذج البوتيني**" (نسبة إلى فلاديمير بوتين)، كان الأفضل توفيره لكتابة شيء مفيد.

أولاً لأن حمّى النماذج والترويج، لها افتقر إلى الحد الأدنى من صحة المعلومات المتداولة في حالات كثيرة. فمثلاً البعض كتب عن النموذج التركي كصيغة للوصاية العسكرية على المدنيين، في وقت كانت فيه النخبة السياسية المدنية تخطو الخطوات الأخيرة لإنهاء ما بقي من هذه الوصاية، أي

---

[31] نشر في الأحد 21 ديسمبر 2014.

أنهم أرادوا استنساخ النموذج التركي في اللحظة من مساره التاريخي التي تناسب أغراضهم.

ومن كتبوا عن النموذج الإيراني لم يدركوا خصوصيته المذهبية، كتعبير عن مدرسة كبيرة في الفقه الشيعي الحديث تمحورت حول مقولة: "**ولاية الفقيه**" التي لا جذور لها لا في فقهنا ولا في ثقافتنا، ومن كتبوا عن "**النموذج الصيني**" تعمدوا إخفاء حقائق رئيسة "**حاكمة**" في مقدمتها أنه قائم – بشكل بنيوي – على الإلحاد، وأنه أحد أكثر أنظمة العالم استبداداً، وأنه لم يحقق التقدم الاقتصادي المؤقت، المهدد بالانهيار في أي لحظة، إلا بالخلط "**التفليقي**" الذي توجد أسباب انهياره في داخله بين: سياسة شمولية واقتصاد رأسمالي!

أما النموذج الباكستاني فثمراته: التخلف والاضطرابات الدائمة والفقر، كل ما يميزه – في نظر من تكلموا عنه – الدور المهيمن للجيش في العملية السياسية. ويعتبر الحديث النموذج البوتيني (نسبة للرئيس الروسي فلاديمير بوتين) والتبشير به كحل للمستقبل، حالة من حالات عمى البصيرة الأيديولوجي.

أولاً لأن روسيا في عهد بوتين (بحسب وصف تقارير دولية عدة): "**دولة جريمة منظمة**"، والمافيا فيه شريك "**شبه علني**" للسلطة السياسية،

فضلاً عن أنها محكومة بنخبة مالية استخباراتية شديدة الفساد، غارقة حتى أذنيها في الشمولية.

ومن يروجون للنموذج البوتيني إلى حد التغزل "**الجنسي**" في بوتين نفسه، لا يعيرون اهتماماً يُذكَر لحقيقة أن روسيا، من الناحية الاقتصادية دولة "**ريعية**" من النوع الأشد هشاشة. فالطبيعة العسكرية لعمليات التصنيع التي شهدها الاتحاد السوفيتي – وهو أيضاً كان يتم تسويقه بإلحاح كمعجزة اقتصادية – جعل الاقتصاد الروسي يعتمد في المقام الأول على العوائد الريعية التي مصدرها الرئيس صادرات النفط والغاز. وعندما دخلت روسيا معركة كسر عظم حقيقية في مواجهة الغرب الأوروبي والأمريكي، تبخرت مائة مليار دولار من احتياطاتها النقدية في عام واحد، و"**سحلها**" الغرب سحلاً، بإغراق سوق النفط بغرض خفض أسعاره.

ومع نزول أسعاره نزلت دموع بوتين!

انهارت العملة الروسية "**الروبل**" أمام الدولار، وفشل البنك المركزي الروسي في احتواء الهبوط الدرامي، وصرخ وزير خارجيتها سيرجي لافروف مهدداً بأن العلاقات الأمريكية الروسية ستنهار، إذا أقرت أمريكا مزيداً من العقوبات، مع أن "**الزعيم الروسي الكبير**" ووزير خارجيته الهمام المنتفش كالديك الشركسي، كانا يتباهيان قبل أقل من عام بأن العقوبات الأمريكية على بلادهم ليست سوى "**حبر على ورق!**"

بل هددت موسكو مرات باتخاذ قرارات بفرض عقوبات على أمريكا!

ومن المفارقات المدهشة أن يحدث هذا في غمرة الترويج للقمة المصرية الروسية القادمة بوصفها **"نقلة تاريخية"** – في الحقيقة لا أدري بأي اتجاه – وفي ظل استشهاد متكرر بالطريقة التي تدار بها العلاقات الخارجية الروسية كمدرسة ينبغي التعلم منها. والتطورات الاقتصادية الدرامية التي حدثت خلال الأيام القليلة الماضية في وضع الاقتصاد الروسي، لم تدفع أياً من المتحمسين بمنتهى **"الغشم"** أن يقول كلمة واحدة يفهم منها أن الأمر خضع لنوع من المراجعة أو إعادة التقييم.

والأمر نفسه ينطبق على التطبيل المبكر للقمة المصرية/ الصينية المرتقبة، فالصين في حقيقة الأمر لا تفكر أبداً في دور في الشرق الأوسط تنافس به الولايات المتحدة أو تحل محلها، بل إنها تلقت إشارات واضحة جداً من موسكو تعني استعداد روسيا لشراكة صينية واسعة في مواجهة الغرب، لكن بكين أحجمت عن الاستجابة، وهي تدرك أن القسم الأكبر من الاستثمارات التي تحرك ماكينة الاقتصاد الصيني هي أمريكية أوربية.

وانعكس هذا بوضوح في حقيقة أن الصين أكبر مستثمر في العالم في سندات الخزينة الأمريكية، وأنها ترى أمريكا، حسب تعبير مسئول صيني كبير، **"معدة العالم"**، وأنها إذا توقفت عن الاستهلاك سيصاب العالم بكساد كبير.

القضية ليست قضية أفضلية أيٍ من النماذج على الآخر بقدر ما هي، أولاً، قضية الكسل العقلي الذي يجعلنا لا نفكر في "**نموذج مصري**"، ثانياً، قضية البدء بتحديد النتائج، ثم تلفيق المقدمات التي تبدو مؤدية إليها، فالمهم عند معظم مروجي النماذج، هو الإبقاء على بنية الاستبداد السياسي، وتالياً، يتم البحث في "**مزبلة**" التجارب السياسية عما يؤكد أن التقدم ممكن مع الاستبداد، ولعل الكارثة الاقتصادية التي حلت بروسيا مؤخراً تؤكد لنا بالدليل أن نخبة الاستبداد الذي يحكمنا منذ 60 عاماً "**خرجت ولم تعد**" في رحلة بحث عن دليل على صحة الخرافة!

أراضي الأوقاف وتذكرة المترو([32])

السعر العادل لتذكرة المترو ما بين 25 و45 جنيه .... وفي الوقت نفسه قرار رئاسي بتخفيض إيجارات أراضي الأوقاف!

قراران متزامنان يكشفان جانباً شديد الأهمية والخطورة في انحيازات "**الطبقة الحاكمة**" منذ يوليو 1952 حتى اليوم، هذه الدولة التي لا تعرف إلا مفهوماً واحداً لـ "**الدولة**" هو المفهوم الماركسي الذي يجعلها "**أداة**" بيد طبقة أو أكثر لقهر الطبقات الأخرى بـ "**القانون!**"

وهذا الكلام بحرفيته تقريباً سمعته من قيادي سياسي ناصري يتبناه بوصفه "**المعنى الوحيد الصحيح**"، مع تلميحات بأنني ساذج و"**أخلاقوي**" أكثر من اللازم، لأن الدولة حتى في الغرب الرأسمالي، تقوم بهذا الدور، وليس هناك تعددية ولا مباديء ولا قيم ولا دولة قانون، ولا.....

([32]) نشر في السبت 3 يناير 2015.

وهذه القناعات المدنسة وأمثالها هي أحد أخطر أسباب الكارثة، فالقانون وسيلة يستخدمه القوي للسيطرة، والأخلاق وهم يصدقه الضعفاء ليستطيعوا تحمّل قسوة العالم، و....

وما يبدو "**ترفاً ثقافياً**" هو – في الحقيقة – الوقود الذي أدار ماكينة هندسة اجتماعية شريرة، ولا تكف عن الخداع والكذب لتحقيق هدف رئيس: "**قتل المدينة!**"

فمن هذه المدينة ستخرج دعوات التعددية ودولة القانون والمساواة، بين أبناء "**الباشوات الجدد**" وأبناء الغلابة الذين لا يليق أبداً السماح لهم بأن يجلسوا على "**المنصات العالية**"، والفقر الجديد هو فقر المدينة التي أصبحت مرغمة على دفع فاتورة الحفاظ على المستوى الاجتماعي للطبقة الحاكمة الحقيقية: "**الفلاحين**". والفرق بين الانحيازين هو الفرق بين قاهرة الثلاثينات والأربعينات، الجميلة المنظمة، وقاهرة ما بعد يوليو 1952، التي أصبحت قرية صغيرة تحيط بها نطاقات من الرعب: "**العشوائيات!**"

وهذا القهر مُخطّـط ومنظم ومقصود، وليس نتاج أخطاء في أداء جهاز الدولة، والباعة الجائلون الذين احتلو المدن –كلها تقريباً وليس القاهرة وحدها – عملية هندسة سكانية هدفها تذويب المدينة في طوفان بشري من

العشوائيين، والمكافأة التي حصلوا عليها من الدولة بإنشاء سوق لهم في قلب العاصمة يشير إلى الرؤية الحاكمة لعلاقات الاجتماع بالسياسة!

فالدولة التي لا تكف عن الولولة على الأعباء المتزايدة على ميزانيتها، اكتشفت فجأة أمرين: الأول أن تذكرة المترو أقل من تكلفتها ويجب زيادتها، دون أن تقول لنا هل المقارنة التي استعانوا بأرقامها هي مقارنة مع مجتمعات يساوي متوسط دخل الفرد فيها الحالة المصرية؟ وهل كلفة التشغيل المشار إليها تتضمن "**البطالة المقنعة**" في هذا الجهاز التي ندفع جميعاً رواتبها رغماً عنا؟

والسؤال الأهم، هل هذه "**العمالة الزائدة**" عينة ممثلة للمجتمع المصري، حتى نقبل – ولو افتراضاً – أن حصولهم على رواتبهم يحقق نوعاً من العدالة الاجتماعية؟

مع مراعاة أن توظيف البعض دون وجود حاجة حقيقية له جريمة وليس تراحماً، وهو مرفوض مرفوض. لكن لنناقش الفرض. هؤلاء يغلب عليهم أنهم دخلوا الجهاز الحكومي بشكل غير قانوني بـ "**الواسطة**" في شكل عمالة مؤقتة، وهم بالتالي يغلب عليهم القرب من السلطة، وتبنّي قيم السلطة ومنطقها: مسئول تنفيذي، أو نائب برلماني، أو شخص صاحب نفوذ يستصدر له قراراً بالالتحاق بوظيفة مؤقتة، ثم تحرك احتجاجي – هو في الحقيقة ابتزازي – للتعيين، ثم يصبح "**موظفاً أبدياً**!!!."

هذا النموذج تعبير عن حالة اجتماعية يجري تضخيمها عمداً:

حس خلقي متبلد يجعل صاحبه لا يشعر بالإثم عندما ينجح بالغش في الدراسة.

ولا يشعر بالإثم عندما يحصل على وظيفة لا يستحقها تظل مصدر رزقه طوال عمره.

والأهم، إيمان مطلق بأن الدولة "**تحيي وتميت**"، وأن لها عليه حق الطاعة العمياء....

وهي فعلاً عمياء بصراً وبصيرة!!!

في المقابل تقـرِّر الدولة تخفيض إيجارات أراضي الأوقاف التي لا تملكها فعلاً، وتسكت كل الألسنة الكاذبة التي تبرر حصول الناس على كل شيء من الدولة بقيمته الحقيقية، فلماذا وحدهم الفلاحون يتم ضخ المال في جيوبهم على حساب "**أموال الأوقاف**" هذا الملف الذي يفضح – أكثر من أي ملف آخر – الوجه الأسود لانقلاب يوليو 1952.

ومن الناحيتين السياسية المباشرة والقانونية، لا معنى لأن تتصرف الدولة في هذه الأموال على هذا النحو ما لم يكن هناك قدر كبير من التبجح. فالدولة منذ إطاحة حكم الإخوان تؤكد أنها تريد تصحيح العلاقة بين الدين

والسياسة، فهل يستقيم هذا مع تسليم الأوقاف القبطية لهيئة تابعة للكنيسة لتديرها، بينما الأوقاف الإسلامية في يد السلطة التنفيذية؟

وهل يحق لمن يدير مالاً لا يملكه أن يهدره لإغناء طبقة من المجتمع على حساب باقي المجتمع؟

وهل هذا القرار الرئاسي دستوري؟

وهل المواطن المحترم العاطل الذي حصل على مؤهل ولم يجد عملاً فلم يدفع رشوة ليحصل على وظيفة ... ولم يغتصب أرض أحد الشوارع الرئيسة ليحولها إلى "**فرشة ملابس**" بالأمر الواقع .. ولم يجد من يؤجر له أرضاً هي "**وقف لله تعالى**."

هل هذا المواطن يستحق أن تعاقبه الدولة بهذا الشكل بينما تكافيء آخرين؟!

ولننبته للأخطر .... وهو أن هذا يحدث بينما العلمتتاء والباحثون ومنتجو الأفكار والمثقفون الحقيقيون يتعرضون لعملية إفقار متعمد ولا مكان لهم في حسابات السلطة، التي وجهت بوصلتها بحماس "**غشيم**" نحو نوع بعينه من الإعلاميين والسياسيين!!!!!!!!...

وفاجأني كلام السفير عزمي خليفة(33)

قبل أيام كنت مدعواً إلى المشاركة في مائدة مستديرة عقدت في **المركز الإقليمي للدراسات** حول ملامح التحولات المرتقبة في الشرق الأوسط. كانت مساهمتي تتناول احتمالات تطوُّر العلاقات بين الجماعات المسلحة في الإقليم، وعنوانها: "**جماعات العنف الأصولي في الإقليم: التفاعلات المحتملة في 2015**". مدير المائدة كان وزير الخارجية السابق محمد العرابي، وشهدت الجلسة مساجلات قصيرة تحمل دلالات أراها مهمة.

المساجلة الأهم جاءت من جانب السفير الدكتور عزمي خليفة المستشار الأكاديمي للمركز، وقد التقيته في عدة مناسبات في المركز، لكن هذه المرة كانت الأولى التي أجد نفسي فيها أمام مفاجأة منه أسعدتني.

---

(33) نشر في الإثنين 12 يناير 2015.

الدكتور عزمي دافع، في تعقيبه على الأوراق المقدمة، دفاعاً أعتبره "**مجيداً**" عن ثورة الخامس والعشرين من يناير، وكيف أن القضاء لم يصدر حتى الآن حكماً قضائياً واحداً يدين أياً من شباب هذه الثورة بأنه "**تقاضى**" ثمناً لمشاركته في هذه الثورة.

هذا، فضلاً عن موقف أكثر وضوحاً من خطر "**الثورة المضادة**". والجملة التي لم يستطع معها الوزير السابق محمد العرابي أن يمنع نفسه من مقاطعة السفير عزمي خليفة، هي الجملة التي طالب فيها السفير عزمي خليفة بضرورة حدوث "**تداول جيلي**" للسلطة في مصر حيث يجب – حسب رأيه – أن يترك الجيل الممسك بدفة القيادة الآن مكانه لجيل أصغر سناً، وهو ما رفضه الوزير السابق محمد العرابي، دون أن يؤجل إبداء رأيه حتى ينتهي السفير عزمي خليفة من كلامه، فقاطعه بطريقة تشير إلى درجة التحسس والعصبية التي تحكم موقف شريحة واسعة من الأجيال الأكثر سناً من عالم يتغير، وصفحة تطوى، وجيل يزاحم، ومطالب متصاعدة بضرورة "**تدوير المناصب**" جيلياً!

الورقة التي قدمتها ارتكزت على حقيقة أن العام 2014 شكّل عاماً مفصلياً – بامتياز – في مسار جماعات العنف الأصولي، وبخاصة بعد سيطرة تنظيم الدولة الإسلامية في العراق والشام "**داعش**" على مدينة

الموصل العراقية. وخلال الأشهر التالية كشفت الأحداث عن جسور تبنى وتحالفات مُستهدَفـة، وتنافسات لها خلفياتها التاريخية أو الفكرية.

والركيزة الرئيسة لهذا النمط من العلاقات فكرة "**إنكار الجغرافيا**" إما عبر رفض الاعتراف بالحدود القائمة في ظل مفهوم خاص لـ "**الأمة**"، رفض لا يملك أصحابه بديلاً واضح الملامح لـ "**الحدود الاستعمارية**"، أو نتيجة فشل عملي على الأرض في عدة دول في حماية "**الحدود السياسية**" للدولة، وهو فشل تزامن مع اكتمال شروط موضوعية في منطقة **الهلال الخصيب** (العراق والشام) لأن يتحول: الاسم (الدولة الإسلامية) إلى مسمى، حيث فراغ السلطة والحاضنة الشعبية الساخطة. ومما منح التنظيم الفضاء الحقيقي للامتداد، هو خلافات القوى الإقليمية الكبرى في المنطقة، التي كانت – سابقاً – في أشد حالات التنافس، تبني تفاهمات إقليمية تضمن بقاء الخرائط كما هي، والمثال الأكثر شهرة على ذلك: عقود من متتالية من التفاهمات العراقية السورية التركية الإيرانية ضد "**المشروع السياسي الكردي**". ومع وصول مواقف القوى الإقليمية من المسار الذي "**ينبغي**" أن يسير فيه الربيع العربي مساحة لتوافق محتمل – ولو بالصمت – بين التنظيمات المسلحة وعواصم في الإقليم.

من ناحية أخرى فإن الصراع على "**الربيع العربي**" في مصر وسوريا وليبيا خلق جهة اصطفاف عابرة للدولة تضم (مع التجاوز) الإسلاميين وخصوم

الإسلاميين، وخلق هذا حاجة إلى (ورغبة في) التواصل الفعلي بين الجماعات الأصولية المسلحة عبر الدول. وشمل ذلك حتى الآن: بيانات تأييد، وإعلانات بيعة، وأشكالاً متعددة من التعاون الفعلي على الأرض. وقد اتسمت مخططات التعاون والتحالف بقدر كبير من البراجماتية، فـ "**داعش**" ذو الخطاب السلفي المتشدد، لم يجد مانعاً من التحالف مع "**الطريقة النقشبندية الصوفية**" على ما بين: التصوف والسلفية من خلافات تاريخية تصل حد العداء التام، ولم يجد مانعاً من التحالف مع بقايا "**حزب البعث**" القومي العلماني، على ما بين المدرستين من تناقضات أدت إلى صراعات تاريخية.

وقد شهد العام 2014 تنافساً علنياً متعدد الأنماط – غير مسبوق – بين حركات الإسلام الأصولي: فهناك تنافس بين القاعدة وداعش، على قيادة ما يمكن تسميته: "**المشروع الإسلامي العالمي**" لم يخل من تبادل اتهامات، ومطالبات متبادلة بضرورة "**المبايعة**". وتنافس عسكري متفاوت الوتيرة بين "**داعش**" و"**جبهة النصرة**" على النفوذ على الأرض في سوريا. وتنافس على أخذ بيعة الولاء من نتظيمات أصولية عبر العالم بين "**القاعدة**" و"**داعش**"، وفي حالات مثل: "**حركة طالبان**" و"**تنظيم أنصار بيت المقدس**" و"**تنظيم القاعدة في بلاد المغرب الإسلامي**"، حدث انشقاق في التنظيم بين أنصار كلٍ منهما، وولد من رحم هذا الخلاف ما يسمى: "**كتيبة الرباط**"، منشقةً عن "**تنظيم أنصار بيت المقدس**" . وفي "**تنظيم القاعدة**"

في اليمن بقيت قيادة التنظيم على ولائها القديم، فيما بادر أعضاء بالسفر إلى **الهلال الخصيب** للالتحاق بـ **"داعش"**.

أول المؤثرات المحتملة في ممكنات المشهد في العام 2015 تطورات الأحداث على الأرض في **"الهلال الخصيب"**، فالحل في سوريا ما زال بعيداً، والوفاق السياسي في العراق ما زال بعيداً أيضاً.

وتبقى المفاجأة في تعقيب السفير الدكتور عزمي خليفة نتيجة لا تقل أهمية عن استمتاعي بأوراق الباحثين.

"شارلي إبدو" و"مسيح الناصرة": روابط خفية[34]

كانت حادثة شارلي إبدو نقطة تقاطع بين عوامل عديدة ولم تكن مجرد حادث اعتداء على مجلة أو جريمة اغتيال، والأهم من الواقعة التي ربما حدثت سابقاً بسيناريوهات متباينة، هو رد الفعل الأوربي الذي يشير إلى لحظة صدام محتملة - والأخطر أنها قد تكون مروعة - بين أوروبا والعالم الإسلامي.

فرد الفعل الأوروبي هو في الحقيقة ترجمة للحظة إحساس عميق بالخوف في "**القارة العجوز**"، فآلة الصناعة الأوروبية - وهي عماد الاقتصاد - اضطرت الأوروبيون اضطراراً لقبول المهاجرين. وتالياً، كان دور التحولات الديموغرافية، التي هي ثمرة نمط الحياة الأوروبي، وهي تحولات جعلت الأووربيين يتناقصون فيما المسلمون - مقيمين أو حاملي جنسية - ينجبون أكثر فيزداد وزنهم النسبي في عدة دول أوروبية، وقد كانت القضية تشغل

[34] نشر في الإثنين 12 يناير 2015.

الغرب بشكل كبير، وقبل سنوات، ثارت ضجة كبيرة حول دراسة استشرافية للباحث المعروف برنارد لويس تنبأ فيها بأن يبلغ المسلمون في أووربا أغلبية سكانية عام 2050.

والمسلمون يترجمون وجودهم في أوروبا في شكل تأثيرات ثقافية واجتماعية ("**أي شارات هوية**")، في قارة مهووسة بالهوية، ومصابة بعسر هضم تاريخي، يجعل معدتها لا تكاد تهضم "**الآخر**"، من اضطهاد الجماعات اليهودية في العصور الوسطى وبعدها، إلى الهولوكوست النازي الذي أراد به هتلر تنقية المجتمع الألماني من كل العناصر التي تم اعتبارها "**غريبة**" أو "**معيقة**" لاستعادة مجد ألمانيا: الشيوعيون، الغجر، السلاف، اليهود، وغيرهم.

من ناحية أخرى فإن الإلحاد الذي حلَّ في عدة دول محل المسيحية بوصفه "**دين الأغلبية**"، لم يمنع اتساع رقعة انتشار الإسلام بشكل ملحوظ، ولأسباب عديدة في مقدمتها حالة غير مسبوقة من فقدان الثقة في المسيحية، يتنافس الإسلام والإلحاد على وجدان عشرات الملايين من الأوروبيين.

وقد تناولت في كتابي: "**فاتيكان جيت**" وجهاً واحداً من وجوه الأزمة هو طوفان الاستغلال الجنسي الذي كشف عنه في المؤسسات الكاثوليكية في عدة دول.

الوجه الآخر يتمثل في نقلة نوعية في تاريخ الدراسات النقدية للمسيحية بدأت في الثمانينات وما زالت دوائر تأثيرها تتسع، هي **"ندوة عيسى"**، وهي منتدى أكاديمي أخذ مؤسسوه على عاتقهم مهمة الكشف عن الوجه الحقيقي لـ **"مسيح الناصرة"**. وهو عنوان كتاب مهم ترجم مؤخراً إلى العربية ليكون أول الأدبيات التي تترجم للعربية لواحد من المشاركين في المنتدى. الكاتب هو باول فيرهوفين مخرج أفلام وثائقية أراد إنتاج فيلم وثائقي عن المسيح فبدأ الاهتمام بكل ما هو مكتوب عنه، وكانت الثمرة هذا الكتاب.

ومن العبارات التي وقفت أمامها في الكتاب قوله: **"كتاب "مسيح الناصرة" ثمرة بحثه المضني، حيث يختلف المسيح الذي يطل من هذه الصفحات عن صورة المسيح المألوفة في مدارس الأحد"**. ويضيف: **"ظللت أفكر في المسيح وأقرأ كل ما تقع عليه يدي، وتملكتني فكرة عمل فيلم عنه عندما بلغت الأربعين من العمر، لكن بعد قراءتي للإنجيل، لم أستطع التمييز بين ما هو صحيح وما هو غير صحيح، وما به شيء من الصحة"**.

و**"أحاول في قراءتي للإنجيل أن أستعين بغريزة الكاتب .... بحكم مهنتي، فأنا أعلم كيفية توظيف المؤثرات الدرامية لسحر الجمهور**

والتأثير عليه، ولم يختلف كاتبو الإنجيل عني كثيراً في هذا الشأن، حيث استخدموا التقنيات الدرامية، وعدلوا وحذفوا ما عدوه مثيراً للجدل، أو غير مناسب أو خطير سياسياً، فقد اضطروا لإخفاء الدلالات السياسية لكلمات يسوع، لأنهم كانوا يكتبون الإنجيل في عصر القمع الروماني، مما استدعى بالضرورة إخفاء الأحداث التاريخية."

وعن النتائج التي توصّل إليها بعد بحثه الطويل: "**كان العهد الجديد نتاج قرون قام فيها المسيحيون بتعديل الكثير، فهناك أشياء أضيفت أو طمست أو محيت تماماً، وقد بذلت ما فيه وسعي للوصول إلى الجوهر الكامن أولاً من خلال رؤية الإنجيل بعيون صانع أفلام لتحديد النقلات وخيوط القصة، التي استخدمت لتعزيز الدراما**".

ويضيف: "**أعتقد في شيء واحد ألا وهو أن المسيح قد عاش، رغم عدم التأكد من تاريخ ميلاده**". و"**من الحقائق التي ينبغي إدراكها عند مناقشة حياة المسيح هي أن تفاصيل حياة المسيح كإنسان انتشرت كمعلومات شفهية عن طريق الرواية، حيث كتبت الأناجيل بين عامي 70 و200 ميلادية، وأن التغييرات التي حدثت في النص أنتجت نسخة مستخلصة من الحقيقة، فما وصل إلينا بعد ألفي عام لا يزيد على 10% من حقيقة شخصية يسوع التاريخية، لكننا ضخمنا هذه النسبة لتصبح حقيقة كاملة، وأضفينا**

عليها القداسة وخلقنا شخصية لا وجود لها". و"مع الأسف لا يمكنني أن أؤمن بألوهية يسوع."

وفي لهجة ساخرة يقول فيرهوفين: ".... فبحسب الفكر المسيحي، قضى الله على يسوع بهذه الميتة البشعة الشنيعة حتى يعاني بدلاً منا، فقد مات من أجلنا ومن أجل التكفير عن خطايانا ومصالحتنا مع الله. لكن هل يعني هذا أنه أنه سيفتح لنا عندما نطرق باب الله الآن؟ هل كان يسمع دعواتنا وصلواتنا منذ فدانا يسوع بنفسه؟ ما الذي عليك فعله إذا ظللت تطرق على الباب حتى تورمت يداك وما من مجيب؟".

وفي قصة ذات دلالة، ولا تخلو من سخرية يقول:

"مررت بأزمة روحية شديدة عام 1966 عندما حملت مارتين صديقتي، التي أصبحت زوجتي فيما بعد بطريق الخطأ، وكان الإجهاض غير قانوني آنذاك، ونظراً لوجودنا في مجتمع محافظ، كان القسري أسوأ ما يمكن أن يحدث لك، عندما أخبرت أمي سقطت أقداح القهوة من يديها، وتذكرت كل الوعود الباعثة على الأمل، التي جاءت بالإنجيل، وقلت لأبي: "سيساعدنا الرب بطريقة ما"، لكنه أجاب بحدة قائلاً: "كفاك ثرثرة عن الرب، نحن على وشك تحمل عبء طفل!!!""

بل إن إحدى الخلاصات التي أوردها في كتابه جاءت بلغة صادمة:

"بإيجاز أريد أن أؤمن بألوهية يسوع، لكن تفكيري العقلاني يحول دون ذلك، فهو يخبرني أن الديانة المسيحية ما هي إلا خدعة يقوم بها العقل لنظل متمسكين بالأمل، رغم كل الأسباب التي تدعو إلى عكس ذلك وأن ما ندركه على أنه واقع ليس الكلمة الأخيرة."

ويقول فيرهوفن في موضع آخر من كتابه:

"لقد حاولت في هذا الكتاب أن أتحقق من حياة يسوع من خلال أقل عدد ممكن من الأفكار دون أي تشويش. قد يرى البعض اهتمامي بيسوع نوعاً من التدين، لكنني سأضطر في هذه الحالة إلى أن أتساءل: إلى ماذا سيقودني، ألتشويه المسيحية مثلاً، حسب رؤية بعض الفلاسفة لما خلصت له من أن المجتمع الغربي يعيش كذبة منذ ألفي عام؟ أم هل قام المبشرون بلي الحقائق وتغيير الأقوال، لدرجة استحالت معها معرفة من هو يسوع وما الذي كان يؤمن به؟ أم أن هذا الكتاب سيساعد المسيحية على الوقوف على أساس ثابت كما حاول الوزير الألماني (في الهامش: كلاس هندريكس) أن يفعل في بيانه تحت عنوان: "الايمان برب غير موجود"؟

هذه الأزمة العميقة التي تواجهها المسيحية، وهذا الصراع الضاري بين الإسلام والإلحاد، أحد أهم أسباب رد الفعل الأوروبي المبالغ فيه، بكل

ما يحمله من مؤشرات على الخوف لا على الثقة، لا يجوز أن يغيب عن الحوار حول جريمة شارلي إبدو، وهي دون مواربة مدانة!

هيبة الدولة والدستور .... أم هيبة المدرعة؟[35]

أكتب هذا المقال بعد ساعات من تدهور أمني غير مسبوق في سيناء يؤكد جدية مخاوف حذر منها كثيرون (ومنهم كاتب هذه السطور)، وأعني بذلك أن تتحول "**هيبة الدولة**" إلى "**هيبة المدرعة**"، وأن تتم عسكرة "**الشأن العام**" على نحو يجعل المدرعة رمز الحقبة وشارتها المميزة!

فالرصاص ليس وسيلة لبناء دولة المؤسسات ويصعب جداً – وبخاصة في الحالة المصرية – أن ينجح في هدم الدولة، والهيبة تعبير عن مركب نفسي/ عقلي يمكن تمثيله بسبيكة من: الرضا، والتقدير، والخوف، فإن غاب الرضا والتقدير، أصبحت الهيبة اسماً على غير مسمى، وأصبحت هيبة الدولة، عندئذٍ، ورقة توت تستر بها "**دولة الخوف**" عورتها. والهيبة في

---

[35] نشر في الأحد, 01 فبراير 2015.

جمهوريات الرعب، النتيجة الحتمية لغياب: **"هيبة المواطن"** و**"هيبة الدستور."**

وتعبير **"هيبة الدستور"** محاولة لإعادة الاعتبار للعقد الحاكم لكل شيء في أي دولة تدعي إنها **"دولة قانون"**، وأظن أننا بعد الخامس والعشرين من يناير وما بعدها، قد نختلف حول أي شيء، إلا دولة القانون، فهي الحد الذي لا غنى عنه للبقاء ضمن سياق التاريخ الإنساني، لا على هامشه، ولا خارجه.

والدساتير تُوضَع لكي تُحتـرَم، وهذا المبدأ البدهي البسيط كان محور تعليق وزير الخارجية الأمريكي على استفتاء الدستور، وفي كثير من النقاشات السياسية – ومنذ سنوات – كنت أسمع من مثقفين كثيرين فكرة تصاغ بمفردات متقاربة مفادها أن: النصوص جيدة لكنها لن تطبق. وإلى هذه الحقيقة المؤسفة تشير نكتة عن رئيس عربي سأله سائقه عن الاختيار الذي يريده في مفترق طريق فقال له: أضيء إشارة الاتجاه إلى اليمين وانعطف يساراً!!

والمسافة بين القول والفعل أحد العيوب القديمة في الثقافة المصرية، لكنها حتى يوليو 1952 لم تكن مستشرية على هذا النحو في النخبة، وكانت هناك **"بوصلة أخلاقية"** لم تكن مثالية أبداً لكنها كانت أكثر وضوحاً. أما الآن، فإن النخبة تسير في الاتجاه المعاكس تماماً، وهن من يفترض أن تكون أكثر

اكتراثاً من المتوسط العام السائد لانتهاك القيم (وأيضاً التعاقدات الصريحة والضمنية) وأن تكون أكثر اتساقاً مع القيم والمعايير التي "**تتكلم**" عنها، فما بالك بأن يكون الأمر متصلاً بمعايير كتبوها بأنفسهم لتكون دستوراً لدولة؟!

السؤال كان مطروحاً منذ اليوم الأول لإقرار التعديلات الدستورية الأخيرة، لكنه أصبح أكثر إلحاحاً بعد أن بلغت انتهاكات الدستور حداً غير مسبوق، على نحوٍ يكاد يجعله كأن لم يكن!

وإذا كان المواطن العادي تحت ضغط ضرورات الحياة اليومية، وتحت سقف المعرفة المحدودة، والخبرة شبه المعدومة بهذا النوع من التفكير والتقييم، معذوراً في عدم الاكتراث، فإن المثقفين – وبخاصة من شارك منهم في لجنة التعديلات الدستورية الأخيرة – لا يمكن فهم صمتهم عن الانتهاكات الجسيمة للدستور منذ إقراره.

فلماذا يصمت شخص مثل عمرو موسى الذي طمح يوماً إلى منصب الرئيس، وهو طموح لم يكن ليحدث أبداً ما لم يطوِ المصريون صفحة نظام مبارك بالثورة؟ فهل كان ما أعلنه من تأييد للثورة نوعاً من الانتهازية السياسية لا أكثر؟ وما الفرق بين دستور ينتهكه مبارك وآخر ينتهكه السيسي؟

ولماذا يصمت فرنكفوني كبير مثل محمد سلماوي عاش عقوداً يطنطن بالدعوة إلى استنساخ التنوير الفرنسي وشعار ثورته: **"الحرية، الإخاء، والمساواة".**؟

ولماذا يصمت مبدع مثل سيدي حجاب يفترض أن تكون بوصلته متصالحة مع رغبة جامحة في الاصطفاف في صف الإنسان قبل أي دوجما أو منفعة ..... فضلاً عن أن يبرر الأسوأ أو يغمض عينيه عنه؟

ولماذا يصمت كل أعضاء لجنة تعديل الدستور على ممارسات لا شبهة في أنها انتهاك صارخ للدستور، وعلى تشريعات في غيبة برلمان منتخب تكرس تغييب الشعب بشراسة تتجاوز ما اقترفه نظام مبارك، ولا يمكن تصوُّر أن يكون هناك تعايش بينها وبين دولة المؤسسات؟. ولماذا يصمتون على ممارسات تقوض الحد الأدنى من ضمانات دولة القانون التي يجب أن تكون مكفولة لكل المحكومين دون تفرقة ؟.

وماذا يبقى من مصداقية أعضاء هذه اللجنة جميعاً، إذا لم يخرجوا عن صمتهم – الآن وليس غداً – دفاعاً عن الحد الأدنى من الاتساق مع الذات ؟

يا أعضاء لجنة الدستور تكلموا الآن أو لتصمتوا ..... إلى الأبد!

كلام عراقي مهم![36]

شاءت إرادة الله أن يتحول الإرهاب إلى كابوس ثقيل في المشهد الإقليمي كله، وأن تجبرنا التطورات السريعة على اللهث وراءها، بينما الفهم الأكثر دقة لأي ظاهرة يحتاج إلى شيء من التأني، وإلى مسافة بين الباحث والظاهرة، حتى لا تستغرقه الوقائع فتحجب عنه "**الحقائق**".

أنا شخصياً كنت قبل أقل من أسبوعين في أبي ظبي واستضافتني **سكاي نيوز عربية** للحديث عن الرهينتين اليابانيتين، وهما الآن قتيلان، وبعد عودتي بقليل كنت على شاشتها للتعقيب على جريمة مقتل الطيار الأردني معاذ الكساسبة.

وفي زحمة التحولات المتسارعة، تلقيت دعوة كريمة من "**المركز الإقليمي للدراسات**" لحضور لقاء مع باحث عراقي مقيم في الأردن هو

---

[36] نشر في السبت 7 فبراير 2015.

الأستاذ منقذ داغر، وهو متخصص في استطلاعات الرأي يدير مركزاً للدراسات بالعاصمة الأردنية. اللقاء كان ثرياً جداً بالحقائق التي أرى أن من الضروري أن تسع دائرة العلم بها، وإن أمكن، أن تتسع دائرة الوعي بتأثير ما فيها من عبر ودلالات.

الحوار انصب على عدد من استطلاعات الرأي التي تم إجراؤها في العراق – وأحدها أجري في الموصل فقط – تعكس دلالات مهمة جداً فيما يتصل باللحظة المصرية الراهنة. ولم يخل اللقاء أيضاً من معلومات من على الأرض فيها معلومات بعضها صادم.

ومن المعلومات الصادمة أن مسلحي داعش الذين دخلوا الموصل ما بين 2500 و3500 يشكلون نسبة لا تزيد عن 20% من القوات التي استولت على المدينة، أي أن الباقي من مكونات عراقية أخرى (مسلحو العشائر – ضباط البعث – جيش النقشبندية – تنظيمات أخرى أصغر)، في المقابل كان يدافع عن الموصل ما يقرب من 200 ألف جندي عراقي.!!!!

وحسب الباحث منقذ داغر فإن ما يقرب من ثلاثين ألف عراقي – معظمهم من ريف الموصل وليس من المدينة – انخرطوا في صفوف داعش، وهو ما يشير إلى قضية طالما تناولتها في كتابات مختلفة هي قضية "**خطر الترييف**" وصلته بالحالة السياسية المتردية التي ساهمت في مأزق مصر

الراهن. والطريف – أو قل المؤلم – أن بعض الحالات التي تطوعت في صفوف داعش كان مبررها الرئيس أن داعش تحارب أمريكا!!

وقبل دخول داعش مباشرة كان 91 % من العرب السنة يرون العراق تسير في الطريق الخاطىء، 91 % لا يثقون في الحكومة العراقية، و82% منهم لا يثقون في الجيش العراقي، و85 % منهم لا يثقون في المحاكم. وكان 33 % منهم يريدون الهجرة، وكان 76% منهم في حالة "**خوف من الآخر.**"

اللقاء كان مُهماً لجهة كم المعطيات المستقاة من مئات اللقاءات المباشرة والهاتفية مع عينة واسعة في مختلف أنحاء العراق، مع تركيز خاص على الموصل، ولقاءات معمقة مع شيوخ عشائر متحالفة مع داعش. والخلاصة التي لا يمكن تجاهلها أن دولة القانون هي الحل الأنجح في مواجهة الإرهاب، وليس الدعوات المجانية لتجاوز القانون والاحتكام إلى الرصاص.

وفي حقيقة الأمر فإن الحوار حول الإرهاب، في الحالة المصرية، يوشك بسبب ثقافتي: الإنكار والتحريض يتحول إلى "**حوار طرشان**"، فالبعض يبرره بأخطاء النظم الحاكمة وهذا باب للخراب، والبعض ينكره أصلاً ولا يرى إلا "**المؤامرة**" سواء كانت إقليمية أو دولية، وبعض ثالث يراه فرصة للاستثمار السياسي في القمع!

والقضايا المتصلة بـ "**ثقافة الإرهاب**" عموماً لا تحظى إلا بالقدر القليل من الاهتمام مع غلبة الأحكام الانطباعية والصور النمطية، فضلاً عن الإغراق المضلل في الأرقام المتناقضة والروايات المتضاربة. فالدور الذي يمكن أن تقوم به أجهزة أمنية أو حتى حكومات في صنع الظاهرة هو في النهاية استثمار لـ "**ممكنات**" في ثقافتنا تجعل القدر الأكبر من المنخرطين في القاعدة التنظيمية للجماعات المسلحة من المتدينين المتحمسين، وبالتالي فإن ارتباط الظاهرة بنمط من التدين حقيقة يجب الإقرار بها، ويجب إخضاعها للدراسة، ولا يجوز أن يمنعنا من الإقرار بهذه الحقيقة المؤسفة مساعي أطراف محلية وإقليمية ودولية لاستخدامها ذريعة للإساءة للإسلام والمسلمين، كل المسلمين!!

ونسداد الأفق السياسي في أي مجتمع هو المحرك الرئيس للإرهاب، لأنه يخلق إحساساً بالإحباط والعجز تتم ترجمته في عنف منفلت حتى من المعايير الشرعية كانت قمته – أو قاعه – حرق الأسير الأردني معاذ الكساسبة. والمبالغة في نشر "**ثقافة الخوف**" هو الآخر هو أحد أخطر محفزات السلوك الإرهابي، فعندما يشيع هذا الإحساس تتغلب الغريزة على الفطرة، ويصبح البقاء نفسه مهدداً – حقيقة أو توهماً – وعندئذ تنزلق المجتمعات في سلسة تَـصعُب السيطرة عليها من الأخطاء المتبادلة، ويغيب العقل وتصبح المخاوف أكثر تأثيراً في سلوك البشر – وبخاصة الجماعات –

من الحقائق، وهذا أحد أسوأ الثمار التي نجنيها من إعلام الحشد والتحريض الذي يسيطر على المشهد المصري.

ودرس العراق فيه الكثير مما يمكن – بل مما يجب – أن نتعلمه.

دماء "استعادة الهيبة!"[37]

صادفت الخبر للمرة الأولى على موقع إخباري في نهاية يوم عمل مرهق وكان العدد المعلن للقتلى أقل بكثير من العدد النهائي، في الطريق تلقيت اتصالاً هاتفياً بصوت يكسوه الحزن يبلغني بأن عدد الضحايا تجاوز عشرين قتيلاً.

كان حدسي صحيحاً منذ اللحظة الأولى وحاولت تكذيب نفسي.... ونحن منذ يوليو 1952 نحاول أن نكذب حواسنا حتى نستطيع العيش في هذا البلد المنكوب بالقساة المتبجحين. وقد قفزت إلى ذهني فوراً دراسة مهمة للباحث الباكستاني البارز نجم الثاقب خان يلخص فيها محنة الكثير من دول العالم المتخلف في عملة ذات وجهين: "**الدولة القاسية والقائد الكاريزما**".

ففي ظل هذا المركب سفك لينين – ومن بعده ستالين – في روسيا دماء ما يقرب من خمسين مليوناً من المدنيين دفاعاً عن مركب بائس من

---

[37] نشر في الإثنين 9 فبراير 2015.

الأهداف ضمنها **"هيبة الدولة"**، وعلى الطريق نفسه – بسيناريوهات مقاربة – سار ماو تسي تونج في الصين و**"الخمير الحمر"** في كمبوديا .... فغاصت خيول الدولة في هذه التجارب في دماء شعوبها حتى اللجام، (والتعبير مستعار من أدبيات مؤرخي الحروب الصليبية)!

وتداعت الأفكار فعادت بي إلى مقال هو **"شهادة تاريخية"** بكل المعايير كتبها شيوعي عربي شهير هو سعد كامل الذي نشر مقالاً عن مشاهداته في الاتحاد السوفييتي (الأهرام 8/ 8/ 1989) قال فيه: **"قضيت في الاتحاد السوفييتي شهراً، وكنت شغوفاً هذه المرة أكثر من أي مرة أخرى بأن أعرف ما يجري هناك من تغييرات ثورية كبرى"**. ويكمل: **"أصابني الفزع فاستنجدت بصديقي الذي يعيش في الاتحاد السوفييتي منذ زمن طويل، ويتقن اللغة الروسية اتقاناً كبيراً.. كان هذا الصديق كلما قابلني في السنوات السابقة يحكي لي حكايات وروايات مذهلة عن التعفن والبيروقراطية التي أصابت وطن الاشتراكية الأم، ويؤكد لي أنني أستطيع أن أحصل على أي شيء غير موجود، وأن الفساد أصبح ينخر في عظام هذه الدولة العظمى ولكني لم أصدقه بل ساورني الشك في مقاصده."**

فمتى يدرك البعض أن ما يدافعون عنه ويسفكون الدماء دفاعاً عنه ضربه العفن؟!

ونعود إلى شهادة سعد كامل، فصديقه حكى له قصة قصيرة فقال:

"حدث أن شاباً قد تلقى مكالمة هاتفية وكانت المتحدثة سيدة أخطأت الرقم، فاعتذرت، فحاول الشاب أن يداعبها على سبيل المزاح، فقد كان صوتها جميلاً..، فإذا بها تستجيب لدعابته، ولما استمر الحديث وجدها ذكية لطيفة، حاول الشاب أن يعرف رقم هاتفها ولكنها وعدته أن تتصل به من وقت لآخر. وطلبت منه أن لا يجهد نفسه في الوصول إلى رقم هاتفها أو معرفتها شخصياً، بل يكفي الاتصال التلفوني، ودارت السنوات والمكالمات الهاتفية الليلية تجري بانتظام، وازداد تعلق الشاب بها كل يوم، وكانت السيدة تحدثه عن الفن والسياسة والفلسفة، توصيه بقراءة كتب معينة، وحينما ألح الشاب عليها لكي يقابلها، وعدته خيراً شرط أن لا يتحدث إليها وإلا أصابها وأصابه الضرر. وهكذا كان بعد أن وصفت نفسها له، وبعد أن حان الموعد دخلت سيدة تحمل نفس الصفات فإذا بها عجوز شمطاء مترهلة.. وكم كانت الحقيقة قاسية.. فأخذ الشاب يتلفت، ويخادع نفسه المصدومة ويتخيل حتى أيقن أن فتاة شابة، جميلة، تلبس ملابس العجوز هي التي تحدثه في الهاتف كي يصدق الوهم الذاتي."

لكن الوهم في مخاضات وحل الاستبداد المشرقي أكثر رسوخاً في نفوس مدمنيه وعقولهم، من كل ما تعد به الفطرة الإنسانية والأديان السماوية و..

وحسب مقال سعد كامل فإن صديقه بعد أن قص عليه هذه القصة الرمزية التي تبين أن الشيوعيين العرب راهنوا على العجوز التالفة التي تمثل لهم مصدر الإلهام والحكمة الماركسية بينما يعرف الجميع بشاعتها وترهلها وفسادها.. في ذات الوقت يراهن جزء منهم على الشابة التي لا تحمل سوى ملابس حمراء فاقعة علّها تحمل خلاصاً، وهي الشابة الجذابة. والتي تلقى رواجاً على أرض الجحيم الشيوعي.. ثم ينهي قصته قائلاً: **"لقد كنت ألمح الشك في عيونك عندما كنت أحدثك عن السلبيات والأخطاء التي كانت تصل لحد الجرائم، ولما كانت لغة الإيديولوجيات والأفكار تلقى هجراناً.. فقد اخترت هذه القصة الرمزية."**

ويمضي سعد كامل في اعترافاته فيصف لقاءه مع صديق من الحزبيين السابقين **"الحرس القديم"** قائلاً: **"كان متحفظاً في لقائي هذه المرة سألته عن البروسترويكا، فقال: بروسترويكا.. بروسترويكا.. كل الناس معها.. ما دامت الحكومة كذلك."**

وتأتي المفاجأة الكبرى في شهادة سعد كامل إذ يقول عن لقائه بالمسئول السوفيتي، ثم قال: **"أنتم الشيوعيون العرب سبب البلاء، أنتم – وبصفة خاصة المصريين – كنتم أشد ملكية من الملك نفسه حيث كنتم تؤيدون ستالين وبرجنيف وشجعتم على وقوعنا في الخطأ!"**

والمرض كما هو واضح قديم ومتجذر ..... "حملة المباخر العرب" (وطبعاً للمصريين بينهم الريادة في النفاق) أسهموا في انهيار الاتحاد السوفيتي بقدرتهم الاستثنائية على النفاق وتبرير المخازي مهما بلغت وضاعتها، وهؤلاء يجرون مصر بالممارسات المنحطة نفسها إلى تبرير كل ما هو وضيع في رحلة بحث حمقاء عن وهم لن يتحقق ... رحلة بحث بدأت صبيحة 23 يوليو 1952 وما تزال مستمرة بحثاً عن قارب نجاة هو في الحقيقة قارب نجاة مثقوب، فالمخرج من أزمة مصر لا يمكن أبداً أبداً أبداً أن يكون في الصيغة الملعونة التي يلخصها تعبير نجم الثاقب خان: "الدولة القاسية والقائد الكاريزما!! ".

وليرحم الله شهداء مذبحة أمس رحمة واسعة .....

يقطع مناخيره عشان يغيظ عدوه![38]

من المضحكات المبكيات أن يكون هناك من الإسلاميين والمتعاطفين معهم من ينكر وجود الإرهاب.

ومن المضحكات المبكيات أن يكون من بين هذه الفئة من لا يراه "ظاهرة إجرامية."

ولا حاجة هنا إلى الإقرار بأن معظم هؤلاء من أصحاب النوايا الحسنة.

وهؤلاء يرتكبون خطأ مركباً: أولاً، لأنهم يرون النية الحسنة تغني عن الاحتكام إلى المعرفة، وثانياً لأنهم يرون أنهم في غنى عن الاستعانة بالبصيرة والفطرة، وثالثاً، لأنهم يحجمون عمداً عن قياس ما يحدث بمعايير أخلاقية واضحة وشفافة. وهؤلاء يوفرون – بمنتهى حسن النية – الدليل على صحة قول

---

(38) نشر في السبت 21 فبراير 2015.

بنيامين نيتانياهو في وصف الإنسان العربي إنه: "**مستعد لأن يقطع أنفه إذا تأكد أن هذا اسوف يغيظ عدوه!**"

ومن الأسباب التي أدت إلى ما نشير إليه غلبة السجال والردح على التحليل، فضلاً عن التمترس وراء نقاشات فقهية لم تعد – غالباً – ذات تأثير يذكر على موقف أي من الجبهات المتصارعة. وما زالت مواجهة الإرهاب في الواقع العربي – المـُهدَّد في مستقبله على نحو غير مسبوق – مزيجاً من الاستغلال السياسي، والتدليس الفكري، والقمع الأمني، بينما كلمة العلوم الإنسانية غائبة ومغيبة ومستبعدة تمام الاستبعاد. والاستعانة بمعطيات هذه العلوم هي في الحقيقة شرط موضوعي لنجاح أي مسعى لإنقاذ المستقبل العربي من أن يكون مستقبلاً "**مقطوع الأنف!**"

والعلوم الإنسانية فيها ما يمكن أن يسهم بشكل كبير في تغيير مسار التاريخ العربي قبل أن يصل إلى حالة استعصاء تام، ومن المفاهيم الرئيسة التي تملك قدرة على ذلك مفهوم "**البيئة الأخلاقية**". والمفهوم يبدأ من الفردي والإنساني، وهو مما ينقصنا جداً وبخاصة في مصر.

وحسب الباحث الأمريكي ما يكل نوفاك أستاذ الأخلاق بـ **المعهد الأمريكي للمشاريع الاستراتيجية**، واشنطن، فقد لاحظ جيمس ماديسون، أحد الآباء المؤسسين، أنّ "**الناس الذين لا يستطيعون ضبط مشاعرهم**

وعواطفهم في حياتهم الخاصة، لن يكونوا قادرين على ضبط أنفسهم في المجال العام".

وحسب نوفاك فإن البشر قادرون على المراجعة والوصول للخيارات. بيد أنهم يحتاجون لرياضة أنفسهم مدى الحياة سعياً لتطوير عادات التوازن والاتزان والشجاعة والتواضع، والفضائل الأخرى، التي تمكّنهم من الوصول لأحكامٍ هادئةٍ وجماعية، والثبات من وراء تلك القرارات في الظروف الصعبة وتحت النار. وهكذا فإنّ ممارسة الحرية مَحْميةٌ بحارسٍ أمينٍ متمثّل في العادات السليمة. ومعظم الناس قادرون على ممارسة هذا الانضباط، لكنْ عندما يكون المجتمع المحيط مُساعداً لهم في القيام بتلك المهمة الصعبة، يكبح جماحهم عندما يمضون بعيداً، ويشجعهم بالأمثلة النبيلة والاستحثاث اليومي عندما يترددون.

أي أن الناس التي خرجت من بيئات اجتماعية وعائلات فشلت في تعويدهم على الحد الكافي من ضبط السلوك الشخصي هم عبء على المستقبل. وأدعوك عزيزي القارئ لقرءة الفقرة مرة أخرى وأن تقارن بينها وبين المشهد المصري كله، وبخاصة المشهد العام: السياسي والثقافي والإعلامي!!!!!!

نوفاك يقول إن البيئة الأخلاقية هي "**المجموع الموجز لكل تلك الحالات والأفكار والسرديات والمؤسسات والجمعيات ورموز النظم والآراء والممارسات السائدة، بالإضافة لدوافع وأسباب الإدانة والثناء – وهذا كله يعلّمنا العادات الضرورية للازدهار الإنساني، كما يدرّبنا على ممارستها.**"

والعبارة الأهم والأكثر إيلاماً في دراسة نوفاك أن **"ثقافة أمنيةً ومحبةً للحقيقة ومستقيمة تجعل من السهل على المرء أن ينضج باعتباره كائناً أخلاقياً؛ بما في ذلك تطوير عادات صحيحة وطباع وثيقة، وأن نسلك في هذه الدنيا مزوَّدين بالحماس والاستقامة والثقة والأمل. أما النشوء في بيئاتٍ ثقافيةٍ رديئةٍ أو فاسدة أو كارهة للحقيقة؛ فإنه لا يجعلُ من هذا التطور المتقدم صعباً فقط؛ بل إنه يجعلُ النجاح نادراً أيضاً."**

يعني السقوط الأخلاقي ومركب ثقافة: الشرشحة والفساد والفهلوة والضجيج والقمع و..... لن تسمح لنا ببناء مستقبل أفضل .... ببساطة .

والموضوع ليس سياسياً بل له صلة مباشرة بالحياة اليومية بالإنسان الفرد .... كل فرد فحب نوفاك فإن:

"التصرفات اليومية المتبادلة تتّسمُ في العادة إلى حدٍ بعيدٍ بالانفتاح والثقة المتبادلة. ويصبح الأمر مختلفاً تماماً عندما تبدأ تصرفاتٌ عنيفةٌ بالظهور، من مثل السرقة أو قطع الطريق، أو نِسَب عالية من الاغتصاب، أو تهديدات متزايدة للأمن أو وجوه فشل كثيرة في نظام العدالة، أو ممارسة السخرية السوداء والخداع. والشيء نفسه عندما تنتشر الصُوَر الطفولية أو البدائية على المباني، ويكثر تكسير النوافذ، وتخريب التلفونات العامة ووسائل الراحة العامة، والتبول في الشوارع والأزقة، وانتشار الفضلات في

الشوارع – كل تلك مظاهر للحرية الشخصية وعدم الإحساس بالقانون، والخروج على كلّ عادي وأخلاقي؛ وتُشعر في العادة بإمكان التحول إلى بواعث على التمرد والخراب والتخريب."

ومرة أخرى اقرأ وانظر إلى واقع حياتنا اليومية وأجب: هل كل ما يعدده نوفاك من مظاهر تنذر بحدوث التمرد والخراب والتخريب منتشرة انتشاراً واسعاً في مصر منذ سنوات أم لا؟؟!!

الإرهاب لا يجوز أن يكون موضوع إنكار!

الإرهاب لا يجوز أن يكون موضوع تعاطف!

ومقاومته لا يمكن أن تتحق لا بالقمع ولا بالردح!

والمأزق في الجانبين – جانب من يمارسون الإرهاب وجانب من يواجهونه – مأزق أخلاقي، والبيئة الأخلاقية التي يتحرك فيها الخصمان أصبحت ملوثة بدرجة تجعلها محضناً للإرهاب، وسيظل الإحجام عن تطهير البيئة الأخلاقية اعتماداً على القبضة الأمنية وحدها تكفي، وهي لن تكفي مهما بلغت قوتها. والاستمرار في هذا المسار معناه أننا جميعاً نختار (بمنتهى الحماس) أن نقطع أنوفنا ونحن على يقين تام أن هذا يغيظ عدونا!

بكائيات الكلب المدبوح(39)

عندما تكون في وسط البلد ومعك صديق عزيز — وهو في هذه الواقعة — أكاديمي فلسطيني مرموق وابن عائلة فلسطينية معروفة جداً، وفجأة يفلت كلب صغير من يد سيدة أنيقة تسحبه برباط من الجلد الطبيعي الفاخر، ليعض صديقك محدثاً به إصابات — بالإضافة إلى تمزيق بنطلون بزته الأنيقة — بأسنانه ومخالبه ... ماذا يمكنك أن تفعل؟

وما الوضع القانوني للواقعة؟ وكيف يمكن أن تترك مشاغلك وأعمالك للغرق في تفاصيل قانونية أنت لا تعرف أصلاً إن كانت تضمن لك الانتصاف لنفسك وتعويض ما وقع بك من ضرر أو لا؟

وعندما تفاجأ بأن شاباً مستهتراً من أسرة مريضة بالتباهي تسبب في إصابة عامل دليفري في صيدلية عمره أقل من 15 عاماً وجسمه ضئيل وملابسه

---

(39) نشر في الأحد 1 مارس 2015.

رئة وأسرته لا تملك أن تذهب به إلى عيادة طبيب كشفه أقل من 50 جنيهاً للكشف عليه .... بعد أن عضه كلب كان يمسك به هذا الشاب المستهتر، وانفلت من يده ليعض هذا الصبي المسكين؟

الواقعتان اللتان وقعتا بالفعل، وكنت شاهداً عليهما هما أول ما قفز إلى ذهني وأنا أتابع الضجة الكبيرة التي أثارتها واقعة ذبح كلب قبل أيام. وقد نشرت جريدة الشروق تحقيقاً صحفياً قال فيه أحد المتهمين في الواقعة إنه تعرض لإيذاء من الكلب في مكان حساس من جسده. فهل مثل هذه المخاطر على حياة الناس من ظاهرة اقتناء الكلاب وبخاصة إذا كانت من سلالات تتصف بالحجم الكبير والشراسة حظيت بالقدر الكافي من الاهتمام في المعالجة الإعلامية للقضية.

والرأي الشرعي – أو الأخلاقي – في ما حدث ليس محل اختلاف عند الأسوياء، وغني عن البيان في هذا المقام التذكير بأن الإسلام نهى عن المثلة "**ولو بالكلب العقور**". صحيح أن الواقعة ورد الفعل عليها كانا موضوع استخدام مسيس على مواقع الإعلام الاجتماعي بالمقارنة بين الاهتمام الإعلامي والاستنكار الرسمي وغير الرسمي، والموقف غير المقبول من الضحايا من البشر في هذه الواقعة أو تلك، وهو كلام سجالي له منافع وأضرار، لكنه في يفضح حالة "الدوار الأخلاقي" التي أصابت فئات واسعة من المجتمع أصبحوا يغضبون أحياناً

ويتعاطفون أحياناً ويتواطأون أحياناً، دون قاعدة يمكن فهمها، وكأن قسماً من انفعالات هؤلاء أصبح يدار بـ "**الريموت كونترول**!!"

في الوقت نفسه فإن الظاهرة نفسها، ظاهرة امتلاك كلاب من سلالة معينة في المنازل والتنقل بها بين الناس مشكلة اجتماعية مسكوت عنها ولا يمكن فصلها عن مسار الواقعة حتى وصلت إلى واقعة الذبح.

وللظاهرة وجه جنائي تماماً يتمثل في انتشار ظاهرة امتلاك الكلاب – المعروفة في الثقافة الشعبية بالكلاب البوليسبة مجازاً – لأغراض جنائية لا أكثر ولا أقل. ومالكوها لا يمثل اقتناء الحيونات الأليفة بالنسبة لهم هواية محتملة، بل وسيلة ردع في الصراعات الاجتماعية، ويمثل لهم في حالات ليست قليلة "باباً للرزق"، عندما يؤجرون الكلب ليستخدم في التعدي على الخصوم عندما ينطلق نفير الحرب!!

واقتناء الكلاب موضوع ينبغي أن يخضع لمعالجة أمنية وقانونية لأنه ظاهرة تبلغ أحياناً حد الخطر، ويتسع بشكل ملحوظ نطاق انتشارها. بل قد تكون هناك حاجة لتقنينها وفقاً لشكل ما من أشكال الترخيص. فالمسئولية الجنائية (وكذلك المدنية) التي تقع على مالكي هذه الحيوانات عندما تسبب في ضرر لأحد تحتاج إلى مزيد من الوضوح، والاكتراث بمثل هذه الوقائع، في حال قرر ضحاياها اتخاذ إجراءات قانونية، ينبغي أن تكون موضع اهتمام شديد من الأجهزة الأمنية، فمن أبسط حقوق الإنسان أن يتوفر له الأمن من مثل هذه

المخاطر، وكل تقصير مهما كان كبيراً، في شأن أي مصدر آخر للخطر لا ينبغي استخدامه حجة لتبرير الاستهانة بهذه الظاهرة، أو الدعوة للتعايش معها.... فضلاً عن أن تصبح الرغبة في النفاق السياسي وإبداء قدر من الاكتراث سبباً في كل هذا الضجيج الإعلامي والحقوقي الذي لا نختلف مع مبرره الأخلاقي، بقدر ما نختلف مع ما يعكسه من انتقائية واستغلال غير متوازن وغير أمين للتأثير الطاغي لوسائل الإعلام على الناس.

لو النبي طلب إيد بنتك؟!(40)

أولاً أقول بوضوح إنني لا أحب مثل هذا النوع من العناوين ولم أستخدمه طوال مشواري المهني، وهدفه ليس الإثارة أبداً، بل وضع من يقرأ المقال أمام تناقض كبير فعلاً.

ثانياً هذه الفكرة تشغلني منذ سنوات وفرضت نفسها علي فرضاً بعد دراسات وإحصاءات مخيفة تتالت خلال الفترة الماضية عن معدلات الطلاق في مصر وبخاصة في السنوات الخمس الأولى للزواج، والحصيلة في عام 2014 تتجاوز 160 ألف حالة طلاق.

ومن خلال الفيس بوك لاحظت زيادة كبيرة في خطاب "الكراهية" والتحريض ضد الرجال – كل الرجال – في ما يشبه موجات التحريض العنصري، فضلاً عن توجه كبير جداً للربط بين سعادة المرأة ودرجة قدرتها على

---

(40) نشر في الأحد 8 مارس 2015.

التمرد على الزوج، وبعض هذه الحسابات لمستشارين اجتماعيين يشعلون بشكل مخطط حرباً داخل الأسرة لتنتصف المرأة من زوجها....، وكأن كل ما تعانيه المرأة المصرية خارج البيت ـ وهو ليس محل إنكار أبداً ـ يجب أن يدفع ثمنه **"مندوب قبيلة الرجال"** أي الزوج.

فضلاً عن كم مهول من التدوينات ينقل خبرات سيئة و**"نصائح أمنية"** كثير منها مدمر لكيفية تعامل الأنثى ـ أي أنثى ـ مع الذكر أي ذكر.

ولما كان الموبايل قد أعادني إلى سماع الراديو بعد سنوات من الانقطاع فقد ذهلت من كم ما يذاع من مواد يفترض أنها **"برامج اجتماعية"** مليئة بالتضليل والتحريض والتزوير للمعطيات الشرعية، وكان واضحاً أن هذا الجهل المتبجح هو نفسه ما يعاد إنتاجه بالركاكة نفسها، بعد أصبح قناعات لدى شرائح لايستهان بها من الفتيات والسيدات.

وأول ما يتجاهله هذا الخطاب الجاهل أن كل رجل تأذت منه أنثى ... هو رجل ربته أنثى ... أو أهملت تربيته أنثى!!!

فالأم تظل المسئول الأول عن كل ما تعانيه النساء من أخلاق الرجال إما بالتربية الفاسدة أو بإهمال التربية أصلاً. والحرب تبدأ خارج المنزل وتشتعل داخل المنزل، ونسبة لا يستهان بها من الزوجات المصريات أصبحن مشبعات بقصص وخبرات سلبية لا يتم ترشيد تأثيراتها عليها بمصادر أخرى للمعرفة والثقافة

وكذلك بما هي في حادة له بالفعل من معرفة بالشرع وثقة بالله تجعلها ترى شيئاً من الخير في العالم الذي تعيش فيه، ونتيجة التشبع بهذه المدخلات تصبح القصص الأكثر إثارة والأكثر مأسوية هي وسيتلها الأولى لتكوين صورتها الذهنية عن عالم الرجال .... وفي حالات كثيرة تفشل في جعل علاقتها بزوجها بمنأى عن تأثير هذا الضخ المستمر في الحكايات من زوجة البواب والأخت والجارة وزميلة العمل وبريد الأهرام وبرامج الفتاوي التي معظمها تتلقى أسئلة من نساء عانين الأمرين من رجل ما .... وهكذا!!!!!

والظاهرة التي لفتت نظري منذ سنوات أننا مجتمع يتحدث عن نفسه دائماً كمجتمع متدين ومحافظ بينما نحن في حقيقة الأمر لسنا كذلك على الإطلاق، وأن علاقتنا بالدين والأخلاق المحافظة طرأت عليها تغيرات كبيرة نادراً ما يتم أخذها في الاعتبار في كل ما هو محكوم بالتقاليد.... بينما هي تفرض نفسها علينا في صفحات الحوادث وفيديوهات الفضائح والدراسات عن الزواج العرفي بين طلاب الجامعات ومعدل تردد المصريين على المواقع الإباحية وبحثهم عنها على محركات البحث.

وهذا المجتمع الذي يحلو له وصف نفسه بـ "**المتدين**" قام بفصل مدهش جداً بين موقفه الرسول صلى الله عليه وسلم كـ "**مبلغ عن ربه**". وبين موقفنا منه كإنسان، فمثلاً لفت نظري أن الرسول صلى الله عليه وسلم لم يكتف بزوجة واحدة ورغم ذلك فإن المجتمع المصري ينظر نظرة سلبية لـ "**تعدد**

الزوجات"، وليس معنى هذا بأي حال دعوة كل الناس لتعدد الزوجات، لكنه يعني في الحد الأدنى التعامل معه بقدر من القبول يتناسب مع كونه سلوكاً حدث على يد الرسول صلى الله عليه وسلم.

من ناحية أخرى فإن "**الواحدية الاجتماعية**" جعلت شرائح واسعة من المجتمع تنظر للزواج بارتياح فقط إذا كان بمواصفات معينة "**كاتالوج:**"

تعدد الزوجات غير مقبول اجتماعياً وفعله الرسول صلى الله عليه وسلم.

زواج الرجل الفقير من امرأة أغنى منه غير مقبول اجتماعياً وهكذا كان حال الرسول وأم المؤمنين السيدة خديجة رضي الله عنها.

زواج شاب من امرأة تكبره في السن غير مقبول اجتماعياً وهكذا كان حال الرسول وأم المؤمنين السيدة خديجة رضي الله عنها.

ولا شك في أن من حق أي شخص أن يمتنع هو شخصياً عن أن يقبل ذلك لنفسه أو لابنته أو أخته، فهذا شأن شخصي، أما الامتعاض الاجتماعي الواسع فدلالاته سيئة جداً جداً. ومع هذا التغير أصبح هناك قناعة راسخة بأن زواج الرجل من امرأة يعني أنها امتلكته ولا يجوز لأخرى أن تشاركها فيها، لا موقف عاطفي من المؤكد أنه مفهوم، بل كتقليد اجتماعي حتى لو كانت لا تحب هذا الزوج وترى أن مشاركة امرأة أخرى لها فيه هزيمة اجتماعية، وبسبب هذا

المفهوم المغلوط أصبحت المرأة – في حالات كثيرة – تبذل جهوداً "**أمنية**" في الاستحواذ على الزوج أضعاف ما تبذله من جهد في إسعاده.... والمثل بيقول: "**أحضر جنازته وما احضرش جوازته.**"

يعني الموضوع امتلاك وسيطرة و"**سلطوية اجتماعية**" مش حب!

وحتى تتحقق السيطرة المطلوبة تحسن زوجات كثيرات مهاراتهن في التتبع والتفتيش والتنصت والتجسس وتفقد الهاتف المحمول واللاب توب ومحاولة اختراق حسابات الإعلام الاجتماعي – إن استطاعت طبعاً – وتستعين كذلك باتفاقيات تعاون أمني مع زوجة البواب وإن أمكنها تستعين بإحدى زميلاته في العمل أو السكرتيرة!......................

والمحصلة أنني أريدك أن تتخيل أن يتقدم رجل خمسيني – حتى لو كان في منتهى الاحترام والاستقامة – ليخطب ابنتك التي تبلغ من العمر عشرين عاماً.... أو أن يتقدم شاب في العشرينات من العمر ليطلب يد أختك المطلقة أو الأرملة التي تبلغ أربعين عاماً ..... أو أن يتقدم رجل متزوج ليطلب ابنتك زوجة ثانية ..... والاستثناء دائماً موجود لكنه يؤكد القاعدة ولا ينفيها.

نحن جميعاً – متدينين وغير متدينين – نأخذ من الإسلام ما نريد ونرد ما لا نريد بجرأة لو وقعت على يد كاتب علماني في شأن آخر لانطلقت مدافع التكفير صوبه من كل جانب. وأخطر وجوه هذه المشكلة الفصل العجيب

بين تقديرنا لشخص الرسول كمبلغ عن رب العالمين وسلوكه كإنسان، ولا نشعر بإي غضاضة عندما نصف نحن – أو نسمع آخرين يصفن شيئاً – فعله بأسوأ الأوصاف......

فهل وصلت الرسالة التي يستهدفها عنوان المقال؟!!

من أراد فاطمة فليكن علياً!(41)

وصلتني عبر حساب الفيس وبعض الاتصالات تعقيبات على مقالي الأخير "**لو النبي طلب إيد بنتك**" ردود فعل كنت أتوقعها، وهي أكدت لي أن التغيير الاجتماعي هو القضية الأخطر في مصر. ومن بين عدد كبير جداً من الملاحظات سأتوقف أمام واحدة من أهمها.

بعض ملاحظات المعقبين دار حول معنى واحد – تقريباً – هو أن التجريد في هذا الموضوع فيه ظلم للمرأة، وأن القياس على عهد الصحابة يغفل أن المجتمع الحالي لم يعد فيه شيء من مجتمع الصحابة، وبعض التعليقات ذهبت بعيداً، معتبرة أن الأحكام الشرعية نفسها تحتاج إلى إعادة نظر لأنها نزلت لجيل مختلف.

---

(41) نشر في السبت 14 مارس 2015.

والفكرة خطيرة أولاً بسبب محتواها الذي سأناقشه، وثانياً لأنها تتقاطع مع مقولة شاع ترديدها لسنوات بوصفها تفسيراً لكل شيء!

العبارة هي: "**من أراد فاطمة فليكن علياً**"، وهي الوجه الآخر لقصة شهيرة دخل فيها متسول مسجداً فيه بعض التابعين، فلما لما لم يتصدق عليه أحد قال مبكتاً: "**أين ذهب الذين يؤثرون على أنفسهم ولو كان بهم خصاصة**"، فرد عليه أحدهم: "**ذهبوا مع الذين لا يسألون الناس إلحافاً**". والعبارة والواقعة كلاهما من عوارض الافتتان بالصيغ البلاغية، بشكل يغيب العقل ويجعل بريق اللغة قادراً على انتزاع صيحة إعجاب، أو إيهام سامعه بأن ما سمعه: "**مقنع!**"

والكلام معناه أن علينا ألا نقيس ولا ننتظر زوجات كالصحابيات لأننا لسنا صحابة، والأحكام الشرعية مطلقة لا صلة لها بعصر، أو بالتعبير الشائع: "**صالح لكل زمان ومكان**"، فكيف يفكر أحد بمبرر شرعي أن يدعو – بسبب المظالم التي تتعرض لها المرأة وهي كثيرة جداً – أن نعيد النظر في أحكام شرعية؟

وما المقياس الذي يمكن بناء عليه إعادة النظر في أي من حقوق الزوج على زوجته، بسبب تغير العصر؟ وهل يمكن أن تمتد إعادة النظر لتشمل أحكاماً أخرى السرقة أو القتل أو الزنا؟ ... وما الفرق بين هذا وبين موقف

مثقفين أو كتاب أو ..... يرون أن الشريعة كلها كانت أحكاماً وقتية لا يجوز التفكير في الاحتكام إليها اليوم؟!

والأمر هنا يفترض أن يحتكم إلى **"قواعد"** لا إلى **"مشاعر"**، فالأصل أن الخطأ لا يبرر الخطأ، وشيوع الخطأ لا يجعله صواباً، وأن كل ما ينطبق عليه وصف **"الحكم الشرعي"** لا يجوز الاجتهاد فيه مع وجود النص، وأن تغيير الحكم ليتسق مع التغير في الواقع، سيجعل الواقع بعد قليل: **"المصدر الوحيد للتشريع"**. وبعض السجالات حول التعدد أو حق الرجل في حالات محددة في تقويم المرأة بالضرب، أو حدود الطاعة الواجبة للزوج .... تخفي – في الحقيقة نوعاً من – السخط على الله سبحانه وتعالى، عافانا الله من ذلك.

وذات يوم كتبت ناشطة نسوية تعرب عن استيائها الشديد من الحيض لأن الله قادراً على أن يجعل المرأة تعرف أنها بلغت النضج الجنسي بطريقة أفضل!!

والفرق بين الرغبة في الإنصاف وهو حق للمرأة وواجب على كل رجل مختلف تماماً عن تحويل المعركة إلى معركة بينها وبين الرجل – وبخاصة الزوج – فالمرأة، مثلاً تكاد لا تحصل على ميراثها كاملاً، وفي حالات كثيرة لا تحصل عليه مطلقاً، وهذه الظاهرة قد تكون أوسع انتشاراً بكثير من ظاهرة تعرضها للظلم في علاقة الزوجية، ورغم هذا فإن غضب القسم الأكبر من مجتمع نون النسوة لا يتوجه صوب الموقف العائلي الواسع الانتشار الذي ينتهك أحكاماً

قطعية الثبوت والدلالة واردة في القرآن الكريم، هي أحكام الميراث، لكنه يتجه لأسباب أهون كثيراً صوب "**الزوج الظالم**" الذي تحوَّل إلى "**خرافة**" صنعتها – في المقام الاول – الزوجات وأصبحت أكثر رسوخاً في الوعي العام من الحقائق المتعينة!

وفي خلفية المشهد تتوسع دائرة انتشار ظاهرة خطيرة هي: "**رفض فكرة الرجل**" وبناء تصور ذهني خيالي لعالم لا تحتاج المرأة فيه إلى الرجل، ولأن التصور جامح جداً فقد أصبح "**حديث مجالس نسوية**" وكتابات متفرقة في العالمين الورقي والافتراضي لم تصل حد الظاهرة، لكن هذا التصور يتعايش أصحابه مؤقتاً مع الزوج المصري الذي يتحدثون عنه غالباً موصوفاً بمفردات: "**معجم الأسوأ**"، وهذا الأسوأ قدر لا مفر منه، والمسافة بين المرفوض والمفروض تترقب كثيرات زواج آخر الأبناء أو البنات لترفع دعوى خلع .... أياً كان عمرها في هذا اليوم!

وهذا الخليط من النماذج الإنسانية التي لم تجد في البيت ما يجعلها تشعر بالسكينة يزداد حماسهن بالتدريج لمواقف تنكر أو تستنكر أن ينتظر منها أحد أن تكون "فاطمة" رغم تجهل أن فاطمة رضي الله عنها كانت كما كانت طلباً لرضا رب العزة لا رداً على معاملة ما من علي رضي الله عنه وكرم الله وجهه.

وهن لايرين – ولو من باب الثقة في الله – أنها قد تسهم لو فعلت ما ينبغي بغض النظر عن سلوك الشريك، في ظهور من يستلهم ولو بأقل القليل "مثال علي"، هذا المنطق يرد على الشر بالشر ويستدرج الطرفين إلى مزيد من الانحدار نحو الأسوأ. وفي هذا المجتمع الممتلىء بصخب الشكوى والترديد الببغائي في "**عالم نون النسوة**" لخطاب "**العداء الأحمق للرجل**".

في هذا المجتمع رجال يحاولون قدر إمكانهم أن يكونوا كما كان "**علي**" ونساء يحاولن بإخلاص أن يكن "**فواطم**".....

والجو العام ... والخطاب السائد ... بقصد أو بدون قصد يدفعنا نحو الانفصال عن "**المثل الجميل**" والرضا بالمبالغة الموهمة، والأفكار المشبعة بالكراهية!!!!!

رابطة خبراء شئون الحركات الإسلامية

"**رابطة شئون الحركات الإسلامية**" مشروع آن أوانه منذ فترة طويلة بعد أن اختلط الحابل بالنابل في الخطاب العام: التحليلي والسياسي والإعلامي، في لحظة تاريخية لا سابقة لها في حجم الاهتمام بهذه الحركات، وحجم تأثيرها الفغلي في محيط جغرافي يشهد تغيرات عميقة لا مبالغة في القول بأنه، يشهد ميلاداً جديداً على مستويات: الجغرافيا والتنظيم السياسي والأفكار.

وقد التقت قبل أشهر، برعاية "**المركز الدولي للدراسات والاستشارات والتوثيق**" الذي أشرف بإدارته، نخبة من المتخصصين المعروف في مجال دراسات الحركات الإسلامية لتأسيس الرابطة التي نرى أنها ضرورة قصوى. وكما هو حال مثل هذه المشروعات الطموح، وفي ظل حالة الارتباك الكبير في عالم السياسة، وهو ارتباك تنتقل هزاته الارتدادية بقوة إلى الخطاب العام بفئاته المختلفة، توقف التحرك نحو إنجاز الفكرة، لكن استمرار الخلل في

خطاب من ينتجون جانباً لا يستهان به من الأدبيات التي يفترض أنها تتناول الظاهرة، دفع دفعاً لاستكمال المشروع.

والفكرة تشغلني منذ العام 2011 وتحولت إلى تحرك مبدئي قبل أشهر، والنقاش حولها مع عدد من الأصدقاء أكد صوابيتها وصحة توقيتها. فالحديث عن شئون الحركات الإسلامية في كثي مما نسمع ونقرأ ينقسم فئات رئيسة: روايات أمنية، لا يعيبها بالضرورة أنها أمنية لكنها عند البعض تتحول إلى "**الرواية الوحيدة**"، وشهادات شخصية يعيبها – لأسباب إنسانية في المقام الأول – أنها لا يمكن أن تنفصل عن انحيازات صاحبها، فضلاً عن قدرته على تقديم رواية دقيقة – أو حتى قريبة من الدقة – اعتماداً على ذاكرته. ورؤى تآمرية تبدأ من أن العالم كله تديره مؤامرة كونية – تحت سقفها مؤامرات أصغر حجماً – وهو من ثم ليس ساحة تفاعل بين قوى متعددة بل تحكمه قوى خفية لا راد لإرادتها التآمرية – وحاشا لله أن يكون – وهذه القوى يفترض أنها قادرة على التحكم التام في مصائر ضحاياها، ومن ثم فنحن جميعاً مجرد "مادة خام" تتحكم فيها هذه المؤامرة دون قيد أو شرط!!

ويزداد البؤس قتامة عندما يجمع شخص ما في تحليلاته للظاهرة بين هذه الأشكال جميعاً من الانحراف التحليلي في خطاب تلفيقي مدمر!

وتسيطر على الخطاب الذي يتناول الظاهرة آفات أخرى، من أهمها: "**التنميط التام**" و"**التعميم الكاسح**"، فضلاً عن الإصرار على مركزية مقولات

بعينها شاعت حتى أصبح الإفلات من أسرها مستحيلاً، لو قام ألف دليل على مجافاتها للحقيقة.

ومن النماذج المهمة في هذا السبيل الرسالة الأكاديمية المهمة التي حصل بها الباحث الصديق الدكتور هاني نسيرة على درجة الدكتوراه من جامعة القاهرة قبل أيام، والتي تناول فيها تأويلات ابن تيمية عند الحركات السلفية الجهادية، وهي تكشف عن ظلم كبير لحق بالرجل بسبب الاستخدام المغلوط لبعض فتاواه، وهو ما أصبح راسخاً في الخطاب التحليلي عن الحركات الإسلامية العنيفة، بحيث تصبح **"الحقيقة العلمية"** في وادٍ والخطاب العام في وادٍ آخر.

ولعل من القضايا التي كانت حاضرة من وقت مبكر في الحورات التمهيدية مشكلة المصطلحات وبخاصة لجهة صلتها بالتصنيف، وقد بادر البعض إلى لفت الانتباه بقوة إلى المفارقة في تعبير: **"السلفية الجهادية"** مؤكداً أنه ينطوي على تناقض، وأن ثمة حاجة ملحة إلى البحث عن بديل له أكثر تعبيراً عن الظاهرة. ويضاف إلى ذلك القضايا المتصلة بالبعد الجيلي وتأثيره في ظهور العنف، والسياق التاريخي العربي خلال النصف الثاني من القرن العشرين، وبصفة خاصة تأثير ظهور القمع السياسي وعنف أجهزة الأمن ضد المعارضين في وضع بذرة **"التوحش المضاد"**.

وقائمة الإشكاليات كبيرة جداً وربما لا يتسع لها مقال مهما كتب بلغة تعتمد الاختصار، ولكنها محاولة لطرح رؤوس الموضوعات في نطاق أوسع من

حوارات الغرف المغلقة، وهو ما يمهد للانتقال بالفكرة خطوة إلى الأمام "**عملياً**" من خلال الإعلان قريباً جداً بإذن الله عن تأسيس الرابطة، بأمل الإسهام – ولو بجهد المقل – في تدشين مسار يراكم من التقاليد والخبرات ما يجعل الدراسات بالحركات الإسلامية أكثر انضباطاً.

ولعل حالة الامتعاض التي تعتري البعض من خطاب كثير من المؤثرين جداً في المشهد الإعلامي ومجتمع البحث تتحول من الانفعال إلى الفعل، وأحدهم قال لي ذات مرة: هل يمكن أن يؤدي بقاء الإخوان في الحكم سنة واحدة إلى ظهور كل هذا السيل من الكتابات المليئة بالأكاذيب بل الخرافات عنهم بل عشرات السنين من بذل الجهد لفهم الظاهرة في سياق فيه ولو قدر من المنهجية؟ وأضاف بمرارة: وما رأيك في خطاب فلان عنهم؟

وهذا الفلان حولهم إلى شياطين.

فقلت له هذا لا صلة له لا بالتيار القطبي في الجماعة، ولا بالربيع العربي، ولا بحكم مرسي ولا بفشله، ولا بعزله.

بل هو تأثير أغنية نادية مصطفى:

"**سنة واحدة وعملت كده فيه؟!!!!**"

الخناقة على "العصا الأمريكية"؟!([42])

قبل ثورة الخامس والعشرين من يناير – وبعد عدة أعوام من صدور كتابي "**عبد الوهاب المسيري: من المادية إلى الإنسانية الإسلامية**" – طلب مني الناشر نفسه (**مركز الحضارة لتنمية الفكر الإسلامي ببيروت**) كتابة كتاب عن المشروع الفكري للمستشار طارق البشري، وقد صدر بعد الثورة بقليل. ولأن أسئلة كثيرة كانت تشغلني احتاج الأمر إلى حوار مع الرجل بشكل ممتد ومتشعب، ومن عباراته التي نقشت في ذاكرتي من هذا الحوار، منذ سماعها حتى الآن، قول المستشار طارق البشري، إن من أهم ما تعلمه من عمله كقاضٍ: **ضرورة الاتساق والخلو من التناقض.**

تذكرت هذه العبارة وأنا أحاول مراقبة الخطاب العربي عن الولايات المتحدة الأمريكية قبل 25 يناير وبعدها، حتى الآن. وهو خطاب يشغلني كهمٍّ

([42]) نشر في الاثنين 6 أبريل 2015.

يومي منذ الضربة الأطلسية – أو بتعبير أكثر صراحة الأمريكية – على نظام السفاح الصربي سلوبودان ميلوسيفيتش عام 1999. وقد تغيرت نظرتي إلى هذه الضربة إلى حد كبير بعد قراءة شهادة الجنرال ويزلي كلارك – قائد قوات الأطلسي آنذاك – على هذه الضربة الجوية في كتابه: "**شن الحرب الحديثة**". وهي الضربة التي أثارت جدلاً ذكرني به ما تثيره "**عاصفة الحزم**" من جدل.

في العام نفسه التقيت الشيخ محمد مهدي شمس الدين نائب رئيس المجلس الإسلامي الشيعي الأعلى في لبنان، وكان زيارة إلى القاهرة. ودار بيننا حوار طويل ركزت فيه على الضربة والجدل حولها، وكان شمس الدين يؤيدها ويراها ضرورة ساهمت في عصمة دماء مسلمي كوسوفا وتجنيبهم مصير مسلمي البوسنة، بينما كان مفتي مسلمي روسيا يدينها بشدة.

وكان المثير أن يتفق كثير من المثقفين والسياسيين العرب مع الموقف الروسي، وكان واضحاً أنهم بين فريقين:

أحدهما يرى أن سيادة الدولة "**مقدسة**"، حتى لو أبادت مواطنيها.

الفريق الثاني كان يرفض أن يؤيد السياسة الخارجية الأمريكية حتى لو كانت – افتراضاً – مفتاح دخول الجنة، فمخالفة أمريكا منذ زمن بعيد هو "دين" شرائح غير قليلة من النخبة يرونها "**بوصلة الشر**"، وهي واحدة من مفردات معجم: "**الشيطان الأكبر**!"

المهم أن القصة تكررت بشكل مغاير في بعض التفاصيل في حرب العام 2003 التي أطاحت فيها بنظام صدام حسين، فحزب **"سيادة الدولة"** بقي موقفه كما هو، وحزب شيطنة أمريكا ازداد موقفه تجذراً. وتالياً، مع ثورات "الربيع العربي" كان هناك الروايتان المتناقضتان المشفوعتان بأكبر قدرٍ من القطع والتأكيد اللذين لا يقبلان الشك:

الأولى: ثورات الربيع العربي ليست سوى مؤامرة أمريكية لتفتيت "الدول العربية" بالديموقراطية.

الثانية: أمريكا تتآمر على ثورات الربيع العربي وتتحالف مع أعداء الديموقراطية!

وبين النقيضين كان هناك روايات متصارعة تؤكد أن أمريكا متحالفة مع: بشار الأسد، وأردوغان، وأمير قطر، والإخوان المسلمين، وإسرائيل، والسعودية، وشيعة العراق، إيران، وأنها صنعت **"داعش"**، وتتحكم في **"جبهة النصرة"** و**"حركة أنصار الله في اليمن"** و........................ وفي المقابل اكتسبت تنظيمات مسلحة عديدة رصيداً كبيراً من التعاطف وبصفة خاصة بين الأجيال الأصغر سناً – فقط – لأنها بحسب تصوُّرِهم تحارب الولايات المتحدة الأمريكية!

وعندما توسعت داعش بشكل فاق قدرة النظام الإقليمي على التصرف أصبحت هناك دعوات – بل صرخات – تدعو أمريكا للتدخل العسكري ضد داعش، وبعض من كانوا يلعنون التدخل الأمريكي في أي أزمة في العالم أصبحو الأعلى صوتاً في سب "**التخاذل العسكري الأمريكي**". وبعض من أدانوا الضربة الأطلسية لنظام القذافي أصبحوا ناقمين أشد النقمة على ما اعتبروه "**التباطؤ الغربي**" في الرد العسكري على التطورات في ليبيا، وهم كادوا يطيرون فرحاً برغبة الأوروبيين في الذهاب إلى الحرب في ليبيا، وهم – بالقدر نفسه – ساخطون على الإصرار الأمريكي على استبعاد الخيار العسكري!!

والقائمة طويلة جداً، وهي قائمة لا أثر فيها للعبارة التي علقت بذاكرتي بقوة من حواري مع المستشار طارق البشري، في حديثه عن الاتساق والخلو من التناقض، فبعض من قضوا عمرهم يقاتلون تحت راية "**مقاومة الهيمنة الأمريكية**" (وبخاصة التخل العسكري) ، أصبحوا ملهوفين بشكل مكشوف على تدخل عسكري أمريكي ضد من يرونه عدواً: سواء كان نظاماً سياسياً أو جماعة مسلحة.

الصراع إذن – عند كثيرين – ليس على مبدأ بل "**العصا الأمريكية**"، وهذا الصراع فيه قدر كبير من السذاجة السياسية والغرور الشوب بالمراهقة، فأمريكا أصبحت تبدو لكثيرين "**عصا بلا صاحب**"، بإمكانهم ضرب أعدائهم بها متى شاءوا، وهي نفسها العصا التي صبوا عليها جام غضبهم وأطنان لعناتهم منذ

حاولت الولايات المتحدة الأمريكية تعيين مندوب سامٍ عالمي لحقوق الإنسان في مؤتمر فيينا 2003، وقد تم إجهاض الفكرة مرة أخرى مؤخراً. واللعنات لم تتوقف عندما وجهت ضربتها الشهيرة "**ثعلب الصحراء**" لنظام صدام حسين (1998)، ثم عندما وجهت ضربتها الجوية (1999) تحت مظلة حلف الناتو، ثم عندما أطاحت بنظام صدام حسين (2003)، لكن الجديد هو التحول إلى سبها لأنها أحجمت عن التدخل العسكري ضد داعش وضد الحوثيين!

ألم أقل لكم إنهم يرونها "**عصا بلا صاحب** !"

الأنبا تواضروس وإبادة الأرمن: ملاحظات مؤلمة![43]

أثار حضور الأنبا تواضروس بطريرك **الكنيسة الأرثوذكسية** احتفالية دولية بمئوية إبادة الأرمن في تركيا الكثير من ردود الأفعال، وبخاصة في الإعلام الاجتماعي، وهو أمر متوقع. فالواقعة مثيرة للجدل وتشغل دوائر واسعة (سياسية وإعلامية) في المنطقة والعالم. والكنيسة الأرثوذكسية المصرية، بهذه الخطوة، تضع نفسها في قلب جدل سياسي/ أخلاقي شديد التعقيد.

ويمكننا في هذا السياق الوقوف أمام الملاحظات التالية:

الموقف من إبادة الأرمن يفترض أن يكون مبدئياً لا يختلف باختلاف هوية "**الجاني**" أو "**الضحية**"، ولو أنصف الأنبا تواضروس لاتخذ الموقف نفسه دون تفرقة في كل جرائم الإبادة والقتل الجماعي، وبخاصة أن الواقعة موضوع الإدانة وقعت خلال الحرب، فإذا كانت الحرب لا تبرر مثل هذه الجريمة – وهي

---

[43] نشر في الاثنين 4 مايو 2015.

لا تبررها – فإن القاعدة ينبغي تطبيقها دون تفرقة داخلياً وخارجياً، وأتمنى أن نرى الكنيسة تشارك ذات يوم في إحياء ذكرة الإبادة في رواندا (1994) التي تورط فيها رجال دين كاثوليك، وجرت بعض وقائعها داخل كنائس!

ما حدث في العام 1915 ضد الأرمن كان جريمة – دون تأويل – لكن الربط بينها وبين "**الخلافة العثمانية**" نوع من التديين المغرض للوافعة يصبح خطره مضاعفاً في ضوء حقيقة أن الإبادة تمت في وقت كان فيه منصب الخليفة صورياً، وكان الحاكم الحقيقي للدولة جماعة قومية تركية علمانية – بل ملحدة – متطرفة هي: "**جماعة تركيا الفتاة.**"

كانت واقعة إبادة الأرمن عملاً إجرامياً يتحمل المسئولية عنه أنور باشا قيادي "**تركيا الفتاة**"، ضمن اضطرابات واسعة، (لم يكن الأرمن فيها ضحايا مستسلمين لقدرهم)، بل كانت بينهم جماعات مسلحة راح ضحية عنفهم ضحايا مسلمون.

ثمة توجه له شواهد كثيرة لتسييس قضية إبادة الأرمن في إطار خلاف سياسي مصري تركي، فمثلاً الدكتور عماد جاد في **المصري اليوم** 27/ 4/ 2015، كتب تحت عنوان: "**مائة عام على جريمة إبادة الأرمن: لماذا غابت مصر الرسمية؟**". وفي السياق نفسه كتب محمد سلماوي في **المصري اليوم** 28/ 4/ 2015: "**لماذا أهدرت مصر سلاحاً قوياً في مواجهة**

تركيا؟"، وللمقال عنوان فرعي نصه: "**مصر تنازلت عن مواقفها الداعمة لضحايا مذبحة الأرمن التي راح ضحيتها 1.5 مليون قتيل**"، فضلاً عن عنوان جانبي نصه: "**تركنا تركيا تستخدم ورقة الإخوان للظغط علينا ولم نستخدم ورقة الأرمن**"، أما أحمد المسلماني فأطلق على صفحات الجريدة نفسها – في الحلقة الأولى من كتابه "**الجهاد ضد الجهاد**" الذي تستعرضه **المصري اليوم** في حلقات – رصاص اتهامات طائشة ضد العثمانيين وخلافتهم، ترجح أن الصراع هو صراع أجندات سياسية وليس انحيازاً لأي اعتبار مبدئي.

والتداعيات التي تشهدها المنطقة من الهلال الخصيب وما وراءه وصولاً إلى ليبيا، تجعل المرجعيات الدينية مطالبة بتحسس مواقع أقدامها في حقول الألغام الخطيرة التي أصبحت تملأ الخارطة العربية، فصراعات الهوية: الدينية والمذهبية والطائفية و............. تجتاح المنطقة كالعاصفة الهوجاء، ولا مكان هنا – في تقديري – للحديث عن الشجاعة والجبن!

فالشجاعة الحقيقية تقتضي مبدئية الموقف في قضايا الداخل والخارج، فلا الصراع الخارجي ولا الداخلي يجيز الإبادة الجماعية، والشجاعة الحقيقية أيضاً تقتضي الامتناع "**الشجاع**" عن نسبة الجريمة إلى غير مرتكبها، فالقاتل الحقيقي في مذبحة الأرمن هم القوميون الأتراك المتشددون "**الملحدون**" هم من سفكوا هذه الدماء..... ولا أرى شجاعة ولا أمانة ... ولا حكمة في استخدامها على هذا النحو الواسع لتحميل "**الخلافة العثمانية**" – ولا أنكر أنها كانت مليئة

بالعيوب والعورات – المسئولية عن جرائم العلمانيين الأكثر تشدداً. فالمستهدف عندئذ يكون تحقيق مستهدفات، لا صلة لها لا بالحقيقة ولا بإنصاف الضحايا!

والقيادات الدينية لا يمكن أبداً أن تكون غافلة عن مثل هذه الاعتبارات!

شنطة بلاستيك سودة!(44)

دخلت الصيدلية.... طلبت من الصيدلي عدة أدوية وفوط صحية ..
أعطاني كل الأدوية في كيس أبيض عليه بيانات الصيدلية، أما الفوط الصحية
فوضعها في "**شنطة بلاستيك سودة**"، وكنت ألمح في عينيه تساؤلاً يكاد
يغلبه، وكأن من العيب أن يدخل رجل صيدلية لشراء "**فوط صحية**" لزوجته
أو ابنته أو.....

و"**الشنطة البلاستيك السودة**" – هنا وفي مواقف مشابهة ومواقف
أخرى مغايرة – محاولة لستر ما يفترض أنه: "**عورة**"، مع أنها في النهاية
"**سلعة**"، والغرض الذي تستخدم له السلعة ليس عاراً ولا جريمة، فضلاً عن أنه
ملازم لمعنى الأنثى، وبالتالي لا معنى لهذا السلوك إلا بوصفه سلوكاً ثقافياً يحتاج
إلى التحليل.

---

(44) نشر في الأحد 10 مايو 2015.

والأصل في هذا السلوك أن التقاليد المحافظة ليست بالضرورة مبررة، بل إن بعض أخطر ما يميزها أنها **"تستعصي على المنطق"** أشد الاستعصاء، وهذه التقاليد دائماً تبحث عن **"فاصل"** بينها وبين بعض الأشياء والأفكار، وهذه التقاليد تجعل **"الشنطة البلاستيك السودة"** حجاباً نخفي به أشياء كثيرة.....

أحياناً تكون لها صلة بالجسد والجنس والمرأة وأحياناً لا. فقبل سنوات كانت هذه الشنطة وسيلة شرائح اجتماعية كبيرة لإخفاء مشترياتهم خوفاً من **"العين"**. وهذا التحليل لا يمكن أن يعني أبداً أنني أنكر وجود الحسد بأي شكل، لكن الخوف هنا في الحقيقة مضلل، لأنه ليس خوفاً من نظرة حاسد تذهب بالنعمة، بل نتيجة إحساس عميق بأزمة عامة ثمرتها افتقار إلى الأمان يجعل كل لفتة وكل كلمة لغزاً يجب البحث خلفه عن مرمى غيبي. وهذا الخوف ترجمة لافتقار (مضمر أو ظاهر) إلى الثقة في الله سبحانه وتعالى، ودون هذه الثقة في الله تسيطر الأوهام والأشباح على النفس والعقل.

ولا يمكن هنا الفصل بدقة، هل هذا الخوف هو ممن يملكون؟ أم من الفقراء الذين لا يملكون؟ هل هو خوفٌ من البعض الذين قد يكونون حاقدين أم خوف بعضٍ آخر يمكن أن يكونوا حاسدين؟ أم ترى هو ترجمة لإحساس عميق بأن الكل يمكن أن يكون حاسداً أو حاقداً، وهذا يستدعي سؤالاً تالياً: هل الخوف الذي نحاول درأه بـ **"الشنطة البلاستيك السودة"**، هو ممن نعرفهم ويعرفوننا أم ممن لا نعرفهم؟

ومن الطريف أيضاً في ثقافة الحسد في مجتمعنا أن القناعات بشأن ما يجب إخفاؤه متناقضة إلى درجة كبيرة، فالبعض يخفي ما يؤكل فقط: اللحوم، الفواكه. والبعض يخفي الكميات الكبيرة من أي شيء، والبعض يخفي ما غلا ثمنه فقط، ولدى كثيرين قوائم مما ورثوا عن سابقيهم أنه "**بيتنظر**"، أي يتأثر بالحسد أكثر من غيره!!!

وهذه القوائم متناقضة أشد التناقض.

وحتى بعد تحذيرات طبية كثيرة من خطورة هذه الشنط التي تصنع غالباً من النفايات، وبعضها يمكن أن يكون قاتلاً، لكن التجربة تثبت أن الخوف من الحسد – عند البعض – أكثر تأثيراً من الخوف من الموت المحتمل. والشنطة البلاستيك السودا هي الوجه الآخر – أو النقيض – لـ "**صف الغوايش**" الذي تحرص نساء شعبيات كثيرات على إظهاره على سبيل التباهي – دون خوف من الحسد أو مع الخوف من الحسد – فالتباهي عند البعض له قوة دافعية كبيرة، وهناك نمط من الناس يخفون عدة كيلو جرامات من اللحوم أو الفاكهة، ويستعرضون أمام من يعرفون ومن لا يعرفون جهاز تليفون محمول، ثمنه أضعاف أضعاف ما يخفونه بـ "**الشنطة البلاستيك السودا**!"

والرغبة في إخفاء "**النعمة**"، أياً كانت، يخلق ميلاً عاماً لدى الناس، يفسر ظاهرة طالما تساءل باحثون غربيون عن دلالتها: أن بيوت المصريين نظيفة وشوارعهم قذرة (بل أحياناً سلالم عماراتهم)، والمسئولية هنا مشتركة بين دولة

فاشلة ومواطن لا يشعر بالانتماء إلا لنفسه، وما يملكه ملكية فعلية. وهذا الميل يؤدي – في نهاية الشوط – إلى الانسحاب من المجال العام انسحاباً تاماً.

وعندها تصبح ممارسات مثل: الانخراط في العمل السياسي، أو الطلابي، أو عضوية الأحزاب وما شابهها .... سلعة نفضل وضعها في "شنطة بلاستيك سودا!"

البهجة والسياسة وثقافة التأمل![45]

ما العلاقة بين السياسة والبهجة والأمل؟.

سؤال يشغلني منذ دخل العالم العربي نفق التحولات الكبيرة التي ما تزال فصولها تتوالى. ويمثل التأمل ثقافة ونهج حياة، لا مجرد مظهر كرنفالي تنفرد به شرائح من النخبة. ولندرك الأهمية المشار إليها، يكفي أن نتوقف – على سبيل المثال – أمام ظاهرة مصرية اتسع نطاقها بشدة خلال السنوات القليلة الماضية، دون اكتراث يذكر، هي "**ثقافة الدي جي**". ويقصد بها استخدام الدي جي وسيلة رئيسة للاحتفال بالمناسبات الاجتماعية – وبخاصة المبهجة منها – بشكل يجعل الحواس في مرمى قصف صوتي مكثف.!

وبمرور الوقت، أصبح هناك ما يشبه "**الكوكتيل الصوتي**" الذي يتكرر في كل المناسبات، بغض النظر عن المستوى الاجتماعي أو الثقافي أو

---

(45) نشر في الأحد 24 مايو 2015.

التعليمي أو الاقتصادي للمحتفلين، وهو تميط طمس الفروق التي كانت تميز المستويات الاجتماعية المختلفة في مذاقات احتفالاتها. وقد غلب على هذا الكوكتيل حالة من التلفيقية تجمع: "**أسماء الله الحسنى**" بلحن مميز، مع أغنيات شديدة الغرائزية تحتفي بالجسد وتمتليء بالإيحاءات الجنسية الفجة، والمستمعون في الحالتين يتصرفون بنشوة أقرب إلى الغياب تعني أن "**الغريزة**" انتصرت على "**الفطرة**."

و"**ثقافة الضجيج**" هذه لا تلبث أن تتحول – بالتدريج – إلى سمة عامة لمنطق الاستمتاع، ربما يضاف إليها الاحتفال من خلال تناول الطعام. وإذا أخذنا المجتمع المصري خلال السنوات العشرين الماضية نموذجاً، نجد أن البهجة فيه – حتى لو كانت احتفالاً بافتتاح مشروع تجاري جديد – أصبحت ترتبط بالضجيج الشديد، ومعنى هذا أن الغالب على بهجة المصريين (أو معظمهم) الجماعية والحسية، وهذا أحد الأسباب – غير المنظورة – لاختفاء ثقافة القراءة.

فالقراءة لها بهجتها الهامسة التي تتعارض تعارضاً تاماً مع هذا السائد، فالعلاقة مع الكتاب ثنائية لا جماعية (القاريء والكتاب) ويغلب عليها الحاجة إلى انفراد القاريء بكتابه، حتى لو لم يكن في مكان مغلق، لكنها علاقة يستحيل قيامها في مكان يحكمه الضجيج. والمجتمع الذي يفقد أفراده القدرة على الحصول على البهجة من هذه العلاقة هو على الأرجح مجتمع لا مكان فيها

للتأمل كـ **"سلوك عام"**. فالتأمل يعني، أولاً، وجود مسافة بين المتأمل وموضوع تأمله، على عكس ثقافة الضجيج التي تحكمها قاعدة الفعل ورد الفعل الآلي – وغالباً المتشابه – بين **"المثير والاستجابة"**، ولنأخذ، على سبيل المثال، الانتشار الملحوظ لأنماط من الانفعال الجسدي الذي يصدر عن الرجال والنساء، وهم يستمعون إلى موجة الغناء الشعبي الجديد، المفعم بالغريزية، نصاً ولحناً.

والتأمل – بصفة عامة – يؤدي في حالات كثيرة إلى اكتشاف ممكنات عديدة إزاء الموضوع الواحد، أما ثقافة الضجيج فتعزز التبسيط والتنميط وتجعل الفروق الثقافية والاجتماعية والتعليمية والاقتصادية تزول – أو تكاد – في رد الفعل على المثير الواحد. ومع طغيان ثقافة الصورة، وارتفاع مستوى الأمية، واتساع المسافة بين المجتمع وأشكال الاستمتاع وتحقيق الذات التي تفلت من التنميط وتعكس الفروق الفردية، أو الفروق بين الشرائح الاجتماعية المختلفة، فضلاً عن التأثير الكبير للأوضاع الاقتصادية على إمكانية **"شراء"** ما يساعد على شيوع التأمل... تزداد الأزمة عمقاً.

وغني عن البيان أيضاً أن ثقافة التأمل لا تعني بالضرورة رياضات بعينها كـ **"اليوجا"** وغيرها من الرياضات المثيرة للجدل، بل تعني وجود **"مساحة"** زمانية ومكانية ونفسية في حياة الإنسان يشعر فيها بأن راحة حواسه من عمليات الإلحاح المستمر – الصوتي والبصري – مفيد لتوازنه النفسي،

وأن الحفاظ على مسافة بين "**المثيرات**" و"**الاستجابات**"، خيار ثقافي له نتائجه التي قد تكون أكبر بكثير مما يبدو. وقبل سنوات تحدث السياسي الأمريكي المعروف زبيجنيو بريجنسكي عما سماه: "**استباحة الاستباحة**" التي تستمد قوة دافعة من مصادر أهمها فكرة "**الإشباع الفوري**" للرغبات التي تلخصها المقولة الشهيرة: "**الآن وهنا**". وتقديري أن عبادة الصيام تدريب عبقري على عادة الاحتفاظ بمسافة بين المثير والاستجابة.

فالتأمل ليس ترفاً بل ضرورة وبخاصة للمجتمعات التي تعاني ازدحاماً سكانياً كبيراً يقضي "**فيزقياً**" على الفضاء الكافي لأن يشعر الفرد بأنه في "**عالم خاص**"، مهما كان صغيراً، والزحام – حسب دراسات غربية في العلاقات العامة – يخلق إحساساً بالكراهية "**غير مبررة**" بين ضحاياه. وبالتالي فإن هذا الفضاء يمكن أن يصبح افتراضياً أو رمزياً لكنه ضرورة، وبخاصة لمجتمعات تعاني ضغوطاً اجتماعية واقتصادية وسياسية استثنائية.

وبخاصة أن التأمل يؤثر بشكل ملموس في السلوك السياسي، والخيارات السياسية بشكل رئيس، وهو ما يمكن أن يسهم في بناء مستقبل أفضل .... لا يحكمه الضجيج !

تعقيبات على حوار إسلام بحيري[46]

منذ أن بدأت ضجة إسلام بحيري لم أجد دافعًا للدخول في الجدل رغم اتصاله المباشر بما أتعامل معه من قضايا منذ سنوات.

وخلال الفترة التي تلت وقف برنامجه، سألني صديقان عزيزان — أحدهما لم يخل سؤاله من عتاب — عن سبب إحجامي عن التعليق، وكان ردي لكليهما أن إسلام بحيري ليس سوى إنتاج شعبوي خشن وعنيف — وأحيانًا غشيم — لما كان يروجه الراحل جمال البنا، وهو: **"تسويق التنوير بلغة الإثارة والإعلان"**، وقد قلت ما لدي عنه ونشرته. لكن قضية إسلام بحيري بدأت تدخل منعطفًا مختلفًا بحواره الأخير مع **"المصري اليوم"** (الثلاثاء 16 /6/ 2015).

إطار مختلف للفهم

[46] نشر في السبت 20 يونيو 2015.

في أكتوبر 2013 نشرت كتابي: "**طريق مصر بعد 30 يونيو 3013**" عبر موقع أمازون، وكان الدافع الرئيس لكتابته، تصريحات العلماني المتشدد حلمي النمنم المثيرة للجدل حول الدولة المدنية والدماء التي سفكت والدماء التي لا مفر من سفكها دفاعًا عن هذا الاختيار. وما توقعته — أو بتعبير أدق تخوفت منه — شهدت الفترة التي تلت الثالث من يوليو 2013 شواهد على صحته، وهو أن هذا خيار شريحة من غلاة العلمانيين المصريين، وأن موجة جموح علماني تحاول الإيحاء بأن أصحابها يمسكون الدفة.

والقضية ليست سياسية كما يبدو للبعض بل جزء من صراع مركب متعدد يلعب الدور الرئيس فيه "**اللوبي الفرنكفوني**" وهو في تقديري "**المكون الصامت**" الأكبر والأكثر خطورة وتأثيرًا، وهو مكون مستقر منذ عقود طويلة دون أي مسعى جدي لاستقصاء جذوره وحدود انتشاره ومستهدفاته، وقد تناولته منذ أشهر في مقال بـ "**جريدة الوطن**" تحت عنوان: "**اللوبي الفرنكفوني في بلادنا**" (28/ 10/ 2013).

أحد أهم وجوه هذا اللوبي هي فايزة أبو النجا مستشار الأمن القومي برئاسة الجمهورية وخصصتها بمقال: "**فايزة أبو النجا وصعود الجمهوريين في أمريكا**"، (موقع مصر العربية 9/ 11/ 2015)، وهو محاولة لقراءة المشهد العام في ضوء التدافع المعرفي بين رؤيتين: الرؤية الفرنكفونية (وهي الأقرب إلى رؤية العلمانيين المتشددين) الذين يريدون الإقصاء التام للدين والتدين من ساحة

الشأن العام. والرؤية الإنجلوسكسونية التي تقوم على ضرورة وجود نقطة توازن في العلاقة بين الدين والسياسة (أو الدين والدولة) تضمن استيعاب الإسلاميين المعتدلين، ويمكن في هذا السياق الرجوع إلى الحوار المهم الذي أجرته "**جريدة الأهرام**" مع الدبلوماسي المفكر جميل مطر (منشور في: 12/ 6/ 2015).

والقسم الأكبر من طيف واسع من الصدامات بين الفرنكفونيين – متحالفين مع البعض في الأجهزة الأمنية – وبعض الوطنيين الشوفينيين الذين يرون الوطنية في صراع "**حتمي**" مع التدين.

الجبهة الأخرى تشمل مجموعة من المستهدفين غير المتحالفين تضم: أقسامًا من الحركة الإسلامية، وبعض منظمات المجتمع المدني، وهي تضم أيضًا الاشتراكيين الثوريين، وشباب ثورة 25 يناير.

هذه الخريطة المركبة تسهم (في تقديري) تفسير الربط الدائم – بلغة تآمرية – بين الإسلاميين وأمريكا (وأيضًا شباب الثورة وأمريكا)، حيث يمثل هؤلاء جميعًا (مع وجود تباينات واختلافات جزئية بينهم) المعسكر الراغب في "دولة القانون" التي تنظم العلاقة بين الدين والسياسة (أو الدين والدولة)، لا الدولة التي تعتبر نفسها: "**حركة سلفية جهادية علمانية**" أهم مقدساتها على الإطلاق: القضاء على الإسلاميين!

والصراع ليس معقمًا من المصالح – وبخاصة المصالح المالية الكبيرة – وهي تدعم وترعى دون تأييد علني!

مطرقة إسلام بحيري

في هذه التركيبة كان إسلام بحيري مرشحًا لأن يكون "**مطرقة**" تهوى على رأس أفكار وأشخاص ومؤسسات يشكل استمرارها عقبات في طريق الوصول بالتحول إلى هدفه النهائي المتخيَّل: شنق آخر إسلامي بأمعاء آخر مناصر لثورة الخامس والعشرين من يناير، ولكل دور في عملية "**تمزيق الأخطبوط**"، وهنا تصبح الهجمة الشرسة على السلفيين ومؤسسة الأزهر شروطًا لا مفر من توفيرها لتجهيز المسرح لـ "**المشهد الأخير**"، لكنه بسبب جموح خيال منتظريه تأخر كثيرًا، ولم تفلح المطرقة الأكثر عنفًا واندفاعًا من بين المطارق التي استخدموها في إتمام عملية هدم القديم لبناء القديم مكانه.

والحوار الذي أجراه إسلام بحيري مع "**المصري اليوم**" بدءًا من عنوانه يفتح الباب للتعليق عليه مطولاً، لكن ما أسعدني فعلاً، إشارته إلى موقف فايزة أبو النجا: "**الفرنكفونية المتشددة، العلمانية المتشددة، الراعي الرئيس لفكرة تكسير عظام المجتمع المدني**"، فما قاله عنها إسلام بحيري يجسد – ربما للمرة الأولى – الروابط التي بقيت طويلاً أقل وضوحًا بين

الفرنكفونيين المصريين، والعلمانية المتشددة، والكراهية المبدئية للديموقراطية والحريات والمجتمع المدني.

وهذا أحد أسباب الاستهداف الدائم لأمريكا في الخطاب العام بأقسامه: الإعلامي والتحليلي والسياسي.

وللحديث بقية بمشيئة الله.

تعقيبات على حوار إسلام بحيري(2)([47])

في حواره مع "**المصري اليوم**" (الثلاثاء 16/ 6/ 2015) كان إسلام بحيري مستأسداً بشكل واضح بعد فترة ليست بالقصيرة من المراوحة بين التحدى والعزف على وتر المظلومية، ما قد يعني أنه – على الأرجح – تلقى تطمينات أطلقت لسانه بما ورد في الحوار!

عنوان الحوار:

"**الأزهر والأوقاف "مساجد ضرار".. والسلفيون "تحت جزمتي""**

يعكس عدوانية في المضمون ولغة التعبير تتحمل الجريدة جانباً من المسئولية عن اختيارها، وبخاصة أن مقدمة الحوار تنطوي على مبالغة كبيرة في قيمة الحوار معه أصلاً، فلا معنى لتقديم حوار كهذا بالقول بلغة مسرحية:

([47]) نشر في السبت 4 يوليو 2015.

"خرج إسلام بحيري، الباحث والإعلامى، عن صمته، واختص "المصرى اليوم" بأول حوار صحفى بعد وقف برنامجه التليفزيونى."

وكأنه حوار مع نيسلون مانديلا!

الملاحظة الأولى المهمة في كلام إسلام قوله (رداً على سؤال عن كواليس منع برنامجه): "السبب أن طارق نور، مالك القناة، بعد عودتي من إجازة لمدة أسبوعين ومناظرتي مع الحبيب على الجفرى وأسامة الأزهرى، ورفض طلب الأزهر المقدم لهيئة الاستثمار بوقف بث البرنامج، تم حذف 5 دقائق من الحلقة رقم 21 من البرنامج، تحدثت فيها عن الأزهر، وهذه هي المرة الأولى التي تمت فيها مخالفة الاتفاق الذي استمر لمدة عامين".

ويسأله الصحافي الذي يحاوره: "ما الذي تم حذفه من الحلقة عن الأزهر؟" فيرد إسلام بحيري: "قلت في المحذوف ما معناه إنني أقول للرئيس للمرة الألف مليون إن الأزهر لن يقوم بالدور الذي تريده في إحداث ثورة دينية."

والسؤال: لماذا يتوجه المجتهد ... المصلح ... المفكر ... المجدد ... إلى السلطة محرضاً ضد خصومه؟ هل هو تدافع بين أفكار أم صراع على السلطة؟!

الملاحظة التالية أن إسلام بحيري يفسر قيام طارق نور بحذف أجزاء من الحلقات قائلاً: "ضغوط يتعرض لها من جهة أمنية، وأنا عارف كيف تدار

مثل هذه الأمور في الدولة، ونحن في مرحلة لا يصح فيها الكذب، كما كان الأمر، وهذه الجهة ترى أن إسلام بحيرى فتنة، رغم أنتى أقوم بعمل كويس جدا في المجتمع، وطارق حذف جزءاً من الحلقتين حتى يتقى الشرور، وحتى لا تحدث له مضايقات في شيء آخر غير برنامجى، لتخرج الحلقة الثانية مشوهة."

فهل هذه الضغوط مقبولة أم مرفوضة؟ وهل تتم ممارستها بحق آخرين أم لا؟ وهل هي – آنذاك – مدانة أيضاً أم لا؟!

والأغرب أن إسلام يضيف: "**برنامجى منع برعاية وضغوط جهة أمنية، وطارق يرى أنتى منفعل وفى حرب مع طرف، ولن تخرج الحلقات بالشكل المطلوب، وأنا سألت العالمين ببواطن الأمور ولم يجيبونى، والجهة الأمنية هذه تقوم بالعمل ضدى وتقود حملة تشويه، وهذ الموقف ضدى ليس له علاقة بالسلم الاجتماعى والوطن، ولكن بسبب مواقف شخصية دون النظر إلى المحتوى الذي أقدمه، وسأذكره مستقبلاً وليس الآن.**"

!!!!!!!!!!!!!!!!!

وهذه في الحقيقة عبارة خطيرة جداً، فالمتباكي المستعذب دور الضحية يتحدث على وجه القطع عن: أجهزة أمنية تقوم بـ "**حملات تشويه**" وتحكم موقفها – في حالة إسلام بحيري – "**مواقف شخصية**" والأهم أن المتلقي

(سواء كان المشاهد الذي يتابع إسلام بحيري ويثق فيه أو قارىء "**المصري اليوم**" الذي يقرأ الحوار) ... جميعهم أصبحوا خارج حسابات "**المصلح الكبير**"، بالتعبير الدارج اتضح أنهم مجرد "**كوبري**" ولا حق لهم في معرفة الحقيقة.... يجب فقط أن يتضامنوا مع "**المجدد المضطهد**"، بدليل أن سيادته قرر أن يعلن الحقيقة "**مستقبلاً**". والأسوأ في تقديري اتهامه المبطن للأمن في قوله:

"**توجد حملات منظمة على مواقع التواصل الاجتماعى موجهة ضدى، في وقت يدارى فيه الأمن على قضايا أخرى!!!.**"

وإسلام بحيري يضيف بعد قصة عن تجاوزات جنسية لشخص مذكور بالإسم في الحوار: "**ما أقصده هنا أن الجهة الأمنية التي أقصدها تريد تكرار خطأ الماضى بأن السلفيين يجب مهادنتهم، وأنا قلت هذا في برنامجى للرئيس عبد الفتاح السيسى**". ويضيف: "**وأنا أعلم أنه كان متابعا لبرنامجى، وقلت أيضاً للرئيس لا تسمع للناس اللى بيقولوا لا بد من مهادنة السلفيين، السلفيين كويسين والإخوان هم الوحشين، ويحاولون تزيين السلفيين، وإقناع الدوائر العليا في الدولة بمهادنة السلفيين، كجزء من السلم الاجتماعى، مش ممكن ندمر البلد تاني، لا يلدغ المؤمن مرتين، وأحب أن أنوه بأن السلفيين أخون ناس.**"

والفقرة السابقة تستوجب التعليق عليها بالكثير من التعقيبات لكنني أكتفي ببعضها، وأول ما لفت نظري هذا التحريض المكشوف ودلالاته!

وهل البرنامج هدفه إنقاذ الإنسان (المخدوع بالفكر المتخلف)؟ أم إنقاذ الوطن (المهدد بالتطرف)؟ أم إنقاذ الدين (لتحوله إلى "**سبوبة**") أم هو استخدام مسيس جداً ... جداً ... جداً للدين في تحقيق أهداف سياسية؟

وهل هذا الاستخدام حلال لـ "**المصلح الكبير**" إسلام بحيري وحرام على خصومه؟

وأيضاً هناك في الفقرة نفسها الحكم التحريضي المبني على تعميم فاضح ومفضوح.

وهو دا برنامج للتجديد الديني ولا "**قعدة نميمة حريمي**"؟!

الطريف قول إسلام حرفياً: "**وأى جهة أمنية تظن أنها تستطيع منعى تبقى "مختلة"**"،

فهل هذه جريمة إساءة للدولة أو لجهة رسمية .... أم أن هذه الأوصاف يُسمَح لأشخاص بتوجيهها لجهات رسمية دون مساءلة ويدفع آخرون ثمناً إذا استخدموها؟ وما معيار التفرقة؟.

وللحديث بقية بمشيئة الله.

تعقيبات "أخيرة" على حوار إسلام بحيري([48])

في وقفة أخيرة مع حوار إسلام بحيري مع "**المصري اليوم**" (16/ 6/ 2015) أكتفي بعبارات محددة أتوقف أمامها لدلالتها على حقيقة المعركة التي يخوضها، يقول، في كلام كثير شديد العنف ضد الأزهر، بلهجة المصاب بداء الفُجر في الخصومة: "**الأزهريين قاعدين يقولوا خرافات وفتوى وكلام فاضى، ويطلعوا كتب وهمية يقولون مقدسة، وشايفينى استفحل خطرى، وعندما يقوم الأزهر بوضع نفسه كمؤسسة أمام شخص مثلي فهذا يدل على هزيمة مبدئية، لأنتى فرد في النهاية، أما عن لقاء "الطيب"، فبعض الشخصيات العامة، وجبهة الدفاع عن الأزهر، طلبوا مني مقابلته ودياً ورفضت، وقلت هوه اللى يسعى لي، مش الشيخ، المؤسسة نفسها، ورسمى مش ودي.**"

ورداً على سؤال: "**ما تقييمك لشيخ الأزهر بعيدا عن أداء المؤسسة ككل؟**" قال: "**لم يضف شيئاً لمؤسسة الأزهر، ولم يكفر تنظيم داعش**

([48]) نشر في السبت 11 يوليو 2015.

الإرهابي، ولم يسع لتلبية دعوة الرئيس لتجديد الخطاب الديني، وهو ضرورة، رغم تكرار نداء الرئيس 4 مرات........... والأزهر الآن لا يمثل الشيخ شلتوت أو محمد أبورية، ومحمد أبو زهرة، وإنما هو مسجد الضرار، لأنه يضل عن سبيل الله، ويقلبون عليه القيادة السياسية حتى تدعمه أجهزة الأمن".

رغم أن كل من له معرفة بالشرع وكل من له بصيرة بخطورة التكفير يصوب موقف الأزهر الرافض لتكفير داعش، أما أبو رية المقصود فهو محمود أبو رية وله قصة طويلة لا تختلف كثيراً عن قصة إسلام نفسه!

وهو يتوجه ببوصلة الداعية والمصلح والمفكر والـ ... نحو السلطة بشكل لا شعوري فاضح: "أنا قلت للرئيس بعد حادث الفرافرة، من خلال برنامجي، إن المواجهة ليست أمنية، وحادث معبد الكرنك الأخير يدل على ذلك، لأن الإرهابي الذي فجر نفسه شارب من القداسات والتراث القديم، وطول ما المذاهب الأربعة المجمع عليها، تصور أنها أهل الخير والجمال، وبهاكل الشرور دي، واعتبرناها دين، وكل غير المسلم كفار، وكل المسلمين غير السنة كفار، يبقى هوه الإسلام اللى هيعمل لينا داعش، قبل ظهور ابن تيمية وغيره، خلاصة كلامى: الأزهر يدين الإرهاب ويحافظ على كتبه".

لكنه يؤكد بعد سطور: "أنا لا أستقوى بالرئيس!"

وبلغة انتقامية لا صلة لها بالعلم ولا أخلاق المصلحين يقول: "الأزهر أباح دمى قبل السلفيين، وهو أساس الشرور، والسلفيون حالياً، فكراً وقادة، "تحت جزمتى". ويضيف: "الأزهر والأوقاف مساجد الضرار، تضل عن سبيل الله، ولو أن السلفيين لهم مراجعات، هم فقط يمتنعون عن الحديث في السياسة، ويشكرون في الجيش، وهذه لعبة جديدة، وأقول للأمن هذا عيب، وأرجو من الرئيس عبدالفتاح السيسى ألا يأخذ بتقارير الأجهزة، لأنها من أضاعت من كان يحكم قبلك، وسيُخرج بسبب اعتلاء السلفيين المنابر أجيال جديدة من الإرهابيين، تدمر هذا البلد."

ولأن القضية هي السلطة لا الإصلاح فإنه يقرر بوضوح: "لو أثرت العلاقة بين أمن الدولة والسلفيين على نتائج الانتخابات المقبلة، ورجع زمن الصفقات الانتخابية يبقى أبشر بالشؤم على النظام، ولو جرت الانتخابات بنزاهة، ولو لعب السلفيون لعبة الإخوان لن ينجح منهم نائب، دون مناصرة أمن الدولة."

ومرة أخرى يعود لإطراء فايزة أبو النجا كاشفاً دعمها له بالقول: "أنا أرى أن السيسى – وله كامل الحق في الأخذ برأيي ومعه مستشارون مهمون، مثل السفيرة فايزة أبو النجا، التي كانت كثيرة الدعم الإنساني لى وقت إذاعة البرنامج من خلال مكالماتها معى."

وفي تقييمه لمستقبل المنطقة في حالة حدوث مصالحة وطنية: "المصالحة مع الإخوان تعني إسقاط النظام الحالي في عامين، ولو رجع الإخوان إلى السياسة في مصر سيمتلكون زمام الأمور فيها والمنطقة العربية إلى الأبد، خصوصاً أن الغرب يرى أن شر الإسلاميين يعود إلى بلادهم أنفسهم، بدلاً من بقائه في الغرب"، في عبارة لها دلالتها على موقفه من الفقه الإسلامي (هكذا بجرة قلم): "الفكرة الصوفية تراث عظيم، وكان لابد أن ينتشر بديلاً للفقه الإسلامي، الذي هو عبارة عن جهل".

ويضيف: "لابد من تخصيص مادة دراسية إسلامية حديثة، تنقد ما يوجد في هذه الكتب داخل الأزهر، وتأسيس هيئة موازية مختصة بالتنوير دون سيطرة للأزهر، لكن يكون له ممثل بها، وتضم مثقفين، وتنويريين، وسياسيين وقانونيين، وتسمى مثلاً "مجلس أعلى للتنوير" لمواجهة كتب التراث دون قداسة ولا خشية، واستدعاء مفكرين من جميع الدول الإسلامية، والبداية من كتب البخاري ومسلم."

أما الأحكام الجزافية العدوانية التي تكشف اختلال معاييره في الحكم على تاريخنا الفكري وتاريخنا السياسي، فمن أمثلتها المؤسفة قوله: "تاريخنا السياسي رائع، لكن تاريخنا الفكري شيء مؤسف، وأحمر دموي، وظلام، ويقول إن كل الدنيا كفار، والشيعة كفار، وأهل الكتاب كفار، ونغزو البلاد

من غير سبب على طريقة جهاد الطلب، وقلت هذا في حلقاتى، يعنى بلدا آمنا، نروح نغزوها إزاى دى بلطجة، ولما تيجى تتكلم يقول ده من 1000 سنة، تاريخنا الفكرى أسود، ومظلم ودموى، وأحط أنواع الكتابات هو تاريخ الفكر الإسلامي".

ولا أجد ختاماً أفضل من هذا السؤال ورده:

"هل ترى إعمال العقل مع النص القرآنى الصريح؟"

"طبعاً، والعقل يسبق النص القرآنى الصريح."

ولا تعليق!

المؤلف:

الجنسية : مصري

مدير المركز الدولي للدراسات والاستشارات والتوثيق (مداد)

** عضو اتحاد كتّاب مصر.

أولاً: ترجمات في معاجم وموسوعات

** ترجمة في الطبعة الأولى من: "معجم البابطين للشعراء العرب المعاصرين".
(مؤسسة البابطين – الكويت).

** ترجمة في الطبعة الأولى من: "معجم أدباء مصر" (الهيئة العامة لقصور الثقافة –
مصر).

** ترجمة في الطبعة الأولى من: "الموسوعة الكبرى للشعراء العرب المعاصرين: 1956
– 2006" – إعداد وتقديم: فاطمة بوهراكة – المغرب – 2009 – برعاية الشيخة
أسماء بنت صقر القاسمي.

** ترجمة في الطبعة الأولى من: "معجم الأدباء: من العصر الجاهلي حتى سنة
2002" – كامل سليمان الجبوري – دار الكتب العلمية – بيروت – الطبعة الأولى
– 2002 – 1424 هــجرية.

مؤلفات إبداعية منشورة

** نقوش على قبور الشهداء (ديوان شعر) – مركز يافا للدراسات والأبحاث –
مصر – 1996.

** عاصمة للبيع (مسرحية) – دائرة الثقافة والإعلام بإمارة الشارقة – دولة الإمارات
– 2000.

** الحلم المسروق (ديوان شعر بالعامية) – مركز يافا للدراسات والأبحاث – مصر – 2003.

** الندى والموت (ديوان شعر) – مركز يافا للدراسات والأبحاث – مصر – 2003.

** القاهرة.. بيروت.. باريس (رواية) – الدار العربية للعلوم – بيروت – 2006.

** أهي القدس؟ - ديوان شعر – مكتبة بيروت – سلطنة عمان – 2009.

** الممر – رواية – مكتبة بيروت – سلطنة عمان – 2009.

أفلام تسجيلية:

* دولة المنظمة السرية – الفكرة والإعداد والمادة العلمية – إنتاج قناة الجزيرة – قطر – 2009.

من الأعمال النقدية عن أعماله:

** رسالة ماجستير عن مسرحيته عاصمة للبيع في جامعة جنت البلجيكية للمستشرقة البلجيكية ماريكي فان كرايسبليك – 2006. (قيد الترجمة)

جوائز

* جائزة مؤسسة "اقرأ الخيرية" – مصر – المسابقة الثقافية للشباب لعام 1991 – المركز الثالث في مجال الشعر.

* جائزة مؤسسة "اقرأ الخيرية" – مصر – المسابقة الثقافية للشباب لعام 1992 – المركز الثاني في مجال المسرح عن نص ما زال مخطوطا.

** جائزة أفضل قصيدة (المركز الثاني) من "المجلس الأعلى للثقافة" – مصر – 1999 – عن قصيدة "نقوش على قبر شهيدة".

** جائزة "الإبداع العربي" من: "دائرة الثقافة والإعلام بإمارة الشارقة" بدولة الإمارات العربية المتحدة في مجال المسرح (المركز الثاني) عام 2000 – عن مسرحية "عاصمة للبيع".

** جائزة "أحمد فتحي عامر" في مجال الشعر (المركز الثاني) من "الهيئة العامة لقصور الثقافة" – مصر – الدورة الأولى – 2003.

** جائزة "أحمد فتحي عامر" في مجال الرواية (المركز الثالث) من "الهيئة العامة لقصور الثقافة" – مصر – الدورة الثانية – 2004 – عن رواية "القاهرة – بيروت – باريس".

** جائزة أفضل قصيدة (المركز الثاني) من "نادي جازان الأدبي" بالمملكة العربية السعودية في المسابقة الثقافية لعام 1423 هجرية – عن قصيدة "بقصائدي ويقيني".

** مساهمات أخرى:

** نشرت مؤلفاته في القاهرة وبيروت وعمان والشارقة ودبي وواشنطون والرياض ومسقط.